© Taemeer Publications

Aao Suno *(Dramas)*
by: Saadat Hasan Manto
Edition: April '2023
Publisher & Printer:
Taemeer Publications, Hyderabad.

ISBN 978-81-19022-60-1
9 788119 022601

مصنف یا ناشر کی پیشگی اجازت کے بغیر اس کتاب کا کوئی بھی حصہ کسی بھی شکل میں بشمول ویب سائٹ پر اَپ لوڈنگ کے لیے استعمال نہ کیا جائے۔ نیز اس کتاب پر کسی بھی قسم کے تنازع کو نمٹانے کا اختیار صرف حیدرآباد (تلنگانہ) کی عدلیہ کو ہوگا۔

کتاب	:	**آؤ سنو (ڈرامے)**
مصنف	:	**سعادت حسن منٹو**
صنف	:	ڈراما
ناشر	:	تعمیر پبلی کیشنز (حیدرآباد، انڈیا)
زیر اہتمام	:	تعمیر ویب ڈیولپمنٹ، حیدرآباد
سالِ اشاعت	:	۲۰۲۳ء
تعداد	:	(پرنٹ آن ڈیمانڈ)
طابع	:	تعمیر پبلی کیشنز، حیدرآباد – ۲۴
صفحات	:	۱۴۶
سرورق ڈیزائن	:	تعمیر ویب ڈیزائن

آؤ سنو

(ڈرامے)

مصنف:

سعادت حسن منٹو

فہرس

(۱)	آؤ سنو	6
(۲)	آؤ کہانی لکھیں	7
(۳)	آؤ تاش کھیلیں	22
(۴)	آؤ خط سنو	37
(۵)	آؤ کھوج لگائیں	52
(۶)	آؤ ریڈیو سنیں	68
(۷)	آؤ بات تو سنو	80
(۸)	آؤ بحث کریں	91
(۹)	آؤ اخبار پڑھیں	103
(۱۰)	آؤ چوری کریں	117
(۱۱)	آؤ جھوٹ بولیں	131

آؤ سنو

یہ ڈرامے روٹی کے اس مسئلے کی پیداوار ہیں جو ہندوستان میں ہر اردو ادیب کے سامنے اس وقت تک موجود رہتا ہے جب تک وہ مکمل طور پر ذہنی اپاہج نہ ہو جائے۔۔۔ میں بھوکا تھا، چنانچہ میں نے یہ ڈرامے لکھے۔ داد اس بات کی چاہتا ہوں کہ میرے دماغ نے پیٹ میں گھس کر یہ چند مزاحیہ ڈرامے لکھے ہیں جو دوسروں کو ہنساتے رہے ہیں مگر میرے ہونٹوں پر ایک پتلی سی مسکراہٹ بھی پیدا نہیں کر سکے۔

سعادت حسن منٹو

کوچہ وکیلاں، امرتسر

۲۸ر دسمبر ۱۹۴۰ء

آؤ کہانی لکھیں

لاجونتی:۔ (اپنے پتی سے، اشتیاق بھرے لہجے میں)..... آؤ کہانی لکھیں۔

کشور:۔ (چونک کر) کہانی؟

لاجونتی:۔ ہاں ہاں، کہانی۔

کشور:۔ میں لکھنا نہیں جانتا، کہو تو ایک سُنا دوں۔

لاجونتی:۔ سُناؤ۔

کشور:۔ سُنو —— ایک تھی کہانی: اُس کی بہن تھی نہانی، اُس کا بھائی تھا بسولا۔ اُس نے
بسائے تین گاؤں، دو بسے بسائے ایک بسا ہی نہیں جو بسا ہی نہیں اسمیں
آئے تین کمہار۔ دو لنگڑے لُولے ایک کے ہاتھ ہی نہیں، جس کے ہاتھ ہی نہیں
اُس نے بنائیں تین ہنڈیا، دو ٹوٹی ٹاٹی ایک کا تلا ہی نہیں، جس کا تلا ہی نہیں
اُس میں پکائے تین چاول، دو اینٹھے آنیٹھے ایک گلا ہی نہیں۔ جو گلا ہی نہیں
اُس پہ اُترے تین مہمان، دو رُوٹھے راٹھے ایک منا ہی نہیں، جو منا ہی نہیں......

لاجونتی:۔ بتاؤ بھی اس بکواس کو۔

کشور:۔ ارے، یہ بکواس ہے کیا؟ —— جب جانوں اگر تم بتاؤ کہ اس مہمان کو کیا ہوا جو منا ہی نہیں؟

لاجونتی:۔ یہ بھی کوئی بڑی بات ہے۔

کشور:۔ بات تو بڑی نہیں، پر تم نہ بتا سکو گی..... کوشش کرو۔ دو دو روٹے را سٹے ایک منا ہی نہیں، جو منا ہی نہیں..... اس کو؟

لاجونتی:۔ گھر سے نکال باہر کیا۔

کشور:۔ وہ کیوں؟

لاجونتی:۔ جب تم نہیں مانا کرتے تو میں یہی تو کیا کرتی ہوں۔

کشور:۔ ٹھیک ہے پر وہ مہمان ہے، میں نہیں ہوں..... ہر شخص میری طرح کمزور دل کیسے ہو سکتا ہے..... تم نے سوچے سمجھے بغیر اسے گھر سے نکال دیا..... واہ بھئی واہ!!

لاجونتی:۔ میں تو یہی کرتی

کشور:۔ تم ایسا ہرگز نہ کرتیں۔

لاجونتی:۔ (زور سے) میں ضرور کرتی۔

کشور:۔ تم کبھی نہ کرتیں۔

لاجونتی:۔ میں کہتی ہوں میں ایسا ضرور کرتی۔

کشور:۔ پھر وہی بات، میں جو کہہ رہا ہوں کہ تم ایسا کبھی نہ کرتیں۔

لاجونتی:۔ دیکھو جی یہ بات بڑھ جائے گی۔ تم جانتے ہو کہ میں اپنی ہٹ کی بہت پکی ہوں۔

ایک انچ ادھر نہ ہٹوں گی۔ تمہارا رُوٹھا ہُوا مہمان گھر سے ضرور باہر نکالا جائیگا۔

کشور:۔ تم اُسے گھر سے باہر نہیں نکال سکتی ہو۔

لاجونتی:۔ (غصے میں) کیا کہا؟

کشور:۔ (گھبرا کر) میں نے کیا کہا تھا؟

لاجونتی:۔ یہ کہا تھا کہ میں اُسے گھر سے باہر نہیں نکال سکتی۔

کشور:۔ سچ تو کہا تھا...... تم یہ کیسے کر سکتی ہو۔

لاجونتی:۔ کیسے کر سکتی ہوں.... تو بتاؤں تمہیں گھر سے باہر نکال کے....
میں یہ کیسے کر سکتی ہوں..... گویا آج تک میں نے کبھی تمہیں گھر سے باہر نکالا ہی نہیں..... چلو ابھی یہاں سے بھاگ جاؤ۔

کشور:۔ لاجونتی ذرا شانتی سے کام لو ـــــ بات ہم اُس روٹھے ہُوئے مہمان کی کر رہے ہیں اور گھر سے باہر تم مجھے کر رہی ہو۔

لاجونتی:۔ جو بات میں کہوں گی، تمہیں ماننا ہو گی۔

کشور:۔ پر یہ کیسے ہو سکتا ہے، کہانی میں ایسا نہیں لکھا ہے۔

لاجونتی:۔ کہانی میں کیا لکھا ہے؟ ـــــ یہی لکھا ہونا چاہیئے کہ اُس کو گھر سے نکال باہر کیا۔

کشور:۔ تم مانتی نہیں مگر میں کہتا ہوں کہ تم بہت سخت دل ہو....... وہاں تو کچھ اور ہی لکھا ہے۔

لاجونتی:۔ میں کسی کے لکھے ہوئے کو نہیں مانوں گی۔

کشور:۔ تم سُن تو لو، دو رُوٹھے رہتے، ایک منا ہی نہیں، جو منا ہی نہیں اُس کو...

لاجونتی :- کس کو؟

کشور :- لگائے تین پاپوش، ایک ادھر ایک اُدھر ایک لگا ہی نہیں..... اب تم خود ہی بتاؤ کہ میں زیادتی کر رہا تھا یا تم؟

لاجونتی :- تین پاپوش لگائے گئے نا؟

کشور :- ہاں ہاں، تین ——— پورے تین۔

لاجونتی :- اگر دو ہوتے تو میں کبھی نہ مانتی..... تمہیں اچھی طرح یاد ہے ناکہ تین ہی تھے۔

کشور :- تھے تو تین ہی..... پر تیسرا لگا ہی نہیں۔

لاجونتی :- کوئی بات نہیں..... میرے ہاتھ کبھی نہیں چوکیں گے۔

کشور :- میں سمجھا نہیں۔

لاجونتی :- اچھا ہے ——— ابھی سمجھ کے کیا کرو گے۔

(نرائن گھنٹی بجاتا ہے)

کشور :- کوئی آیا ہے۔

لاجونتی :- تمہارا دوست نرائن ہے۔

کشور :- یہ تم نے کیسے پہچانا؟

لاجونتی :- گھنٹی سے۔

نرائن :- پرنام بھابی..... حلوا و لڈو لائے..... کیا قصہ ہے بھئی..... رونی صورت کیوں بنائے بیٹھے ہو؟

کشور :- (چونک کر) میں؟..... بھئی میں ذرا سوچ رہا تھا۔

لاجونتی:۔ (طنزیہ انداز میں) آپ سوچ رہے تھے۔۔۔۔کیا یہ کچھ سوچ بھی سکتے ہیں۔

کشور:۔ میں یہ سوچ رہا تھا کہ آج انہوں نے گھنٹی کی آواز سے پہچان لیا ہے کہ تم آ رہے ہو تو کل میری آواز سے پہچان لیں گی کہ میں ڈاکٹر کے پاس جانے کا بہانہ کر کے تمہارے ہاں تاش کھیلنے آ رہا ہوں —— زندگی یوں بسر نہ ہو سکے گی نرائن —— یہ شرلک ہومز بن رہی ہیں دن بدن۔

نرائن:۔ (ہنستا ہے) اماں یہ شرلک ہومز بھی ایک ہی کائیاں تھا۔ جوتے کی نوک دیکھ کر یہ بتا دیتا تھا کہ اُس کے پہننے والی کی ناک ٹیڑھی ہے۔ چھڑی سے معدے کی حالت، سگرٹ کی راکھ سے آنکھوں کا رنگ اور ہیٹ سے پیروں کی شکل بتا دینا اُس کے نزدیک معمولی کام تھا۔

لاجونتی:۔ یہ سب فرضی قصے ہیں جھوٹ موٹ کی باتیں۔

نرائن:۔ جھوٹ موٹ کی باتیں —— کیا کہہ رہی ہیں آپ بھابی جان۔

لاجونتی:۔ یہ سب کہانیاں ہیں بابا، ان میں سچ کہاں، جس نے چاہا گپ ہانک دی۔ —— بھلا ایسا کبھی ہو سکتا ہے —— مجھے کہئے تو میں اپنی طرف سے اسی طرح کی تین چار کہانیاں بنا کر سنا دوں۔

نرائن:۔ تو یہ سب کہانیاں ہوتی ہیں؟

لاجونتی:۔ بالکل۔۔۔۔فرضی قصے۔۔۔۔۔

نرائن:۔ جن کو میں بھی لکھ سکتا ہوں۔

لاجونتی:۔ جب آپ کے دوست لکھ سکتے ہیں تو کیا آپ نہ لکھ سکیں گے۔

نرائن:۔ہاں کیشو، مجھے معلوم نہ تھا کہ تم اسٹوری رائٹر بھی ہو —— کیا لکھا کرتے ہو ایسی کہانیاں؟

کشور:۔ بھئی کبھی لکھی تو نہیں۔ لیکن صبح سے یہ میرے پیچھے پڑی ہوئی ہیں کہ آؤ کہانی لکھیں...... آؤ کہانی لکھیں......

نرائن:۔تو آؤ کہانی لکھیں۔

لاجونتی:۔آؤ کہانی لکھیں۔

کشور: تینوں مل کر ایک کہانی لکھیں... بہت اچھا خیال ہے۔ .... ایک کہانی کے تین رائٹر... شروع کون کرے؟

لاجونتی:۔جو بولے وہی کُنڈی کھولے۔

کشور:۔ لو..... تو میں شروع کرتا ہوں..... ایک روز کا ذکر ہے...... ایک روز کا ذکر ہے۔ بابو سالگ رام رات کو بہت دیر سے گھر آیا...... وہ سخت خوف کھا رہا تھا۔

لاجونتی:۔اُس کی بیوی کملا رات کے سناٹے میں چُپ چاپ اُس کا انتظار کر رہی تھی۔

کشور:۔تمہیں کیسے معلوم ہوا کہ بابو سالگ رام بیاہا ہوا تھا؟

لاجونتی:۔ رات کو وہی لوگ دیر سے آتے ہیں اور ڈرتے ہیں جو بیاہے ہوئے ہوں۔

کشور:۔ اچھا بھئی تمہاری مرضی —— تو اُس کی بیوی رات کے سناٹے میں اُس کا انتظار کر رہی تھی...... سالگ رام یہ سوچ رہا تھا......

لاجونتی:۔کہ اُس کی بیوی کو پتا چل گیا کہ وہ رات کے ساڑھے بارہ بجے تک برج کھیلتا رہا ہے۔ اور مہینے کی آدھی تنخواہ ہار گیا ہے تو آفت آجائے گی۔

کشور:- یہ تم نے اپنی طرف سے گھڑ لیا ہے۔ کہ وہ برج کھیل رہا تھا ـــــ حالانکہ میں جانتا ہوں کہ وہ رات کو ایک ناچ دیکھ کر آئے۔

لاجونتی:- ناچ؟...... تو یہ اور بھی اچھا ہے ـــــ بولئے نرائن صاحب ہم کہاں تک پہنچے تھے؟

نرائن:- ایک روز کا ذکر ہے، بابو سالگ رام رات کو بہت دیر سے آیا۔ وہ سخت خوف کھا رہا تھا۔ اُس کی بیوی کملا رات کے سناٹے میں چُپ چاپ اُس کا انتظار کر رہی تھی۔ سالگ رام یہ سوچ رہا تھا.....

کشور:- یہ سوچ رہا تھا کہ..... کہ..... وہ عورت جس کا ناچ وہ کلب گھر میں دیکھ کے آیا ہے.....

لاجونتی:- کتنی حسین تھی..... چاند سا مکھڑا، گوری گوری رنگت، کالی ناگنوں کے سے بال، جب وہ ناچتی تھی تو اُس کے سفید ٹخنوں میں بندھے ہوئے گھنگھروؤں کی جھنجھناہٹ کس طرح اُس کے دل کی دھڑکنوں میں گھل مل جاتی تھی.......

نرائن:- واہ بھابی واہ... I say it is Poetry--it is Literature ـــــ اُس کے سفید ٹخنوں میں بندھے ہوئے گھنگھروؤں کی جھنجھناہٹ ابھی تک گونج رہی تھی۔

کشور:- اُس کے کانوں میں ان گھنگھروؤں کی آواز ابھی تک گونج رہی تھی۔

لاجونتی:- اس کے ساتھ ساتھ اُس کے کان اُن جھڑکیوں اور گالیوں کے بے پناہ شور سننے کے لئے تیار ہو رہے تھے جو اُس کی بیوی اپنے سینے میں چھپائے بیٹھی تھی۔

کشور:۔ میں پوچھتا ہوں تم بیچ میں اس بیوی کا قصّہ کیا لے بیٹھی ہو۔

لاجونتی:۔ عورت کے بغیر کوئی افسانہ مکمل نہیں ہو سکتا۔

کشور:۔ ٹھیک ہے، پر وہ جھڑکیوں اور گالیوں کا بے پناہ طوفان اپنے سینے میں کیوں چھپائے بیٹھی ہے؟

لاجونتی:۔ عورت کیا اپنے حقوق کی حفاظت نہ کرے؟ —— تم جیسے بے وفا مرد اگر رات کو دو دو بجے گھر آئیں تو کیا تمہارا یہ مطلب ہے کہ عورتیں خاموش بیٹھی رہیں، کچھ نہ کہیں —— گھُل گھُل کے مر جائیں، تم عیش کرو، ناچ دیکھو، رنگ رلیاں مناؤ اور ہم اپنی زبان پر تالے ڈال لیں۔

کشور:۔ میں نے یہ کب کہا ہے —— میں نے یہ کب کہا ہے —— تم تو بات بات پر بھڑک اٹھتی ہو۔ ہم کہانی لکھ رہے ہیں بابا۔

لاجونتی:۔ لکھو —— پر میری بات ٹوکنے کا تمہیں کوئی ادھیکار نہیں۔ سمجھ لیا —— ہاں تو مسٹر نرائن ہم کہاں تک پہونچ چکے ہیں۔

نرائن:۔ (ٹھنڈی سانس بھر کر) بہت دور پہونچ چکے ہیں ...... ہاں تو یہ لکھا ہے میں نے ...... اس کے ساتھ ساتھ اس کے کان ان جھڑکیوں اور گالیوں کا بے پناہ شور سننے کے لئے تیار ہو رہے تھے۔ جو اس کی بیوی گویا اپنے سینے میں چھپائے بیٹھی تھی۔

کشور:۔ سالگ رام کو اس کی کوئی پرواہ نہ تھی۔

لاجونتی:۔ اس پر اس ناچنے والی کے عشق کا بھوت سوار تھا۔

کشور:۔ اس نے دل میں یہی سوچا، مگر فوراً ہی اس کو خیال آیا کہ یہ کیسے ہو سکتا ہے، جب

کہ اُسے اپنی بیوی سے بے حد محبت ہے۔

لاجونتی: وہ اپنے آپ کو دھوکا دے رہا تھا۔ صرف اس لئے کہ اُس کے دل سے وہ ڈر دُور ہو جائے جو عام طور پر اُن مردوں کے دل میں پیدا ہو جایا کرتا ہے، جو اپنی عورتوں سے دغا کرتے ہیں۔

کشور: اُس کا یہ خیال بھی غلط نکلا ——— دراصل اُس کے دل کو کوئی اور ہی چیز ستا رہی تھی۔

لاجونتی: کیا؟

کشور: یہ اُس کو معلوم نہیں تھا؟

لاجونتی: یہ بھی عجیب بات ہے، اُس کو معلوم کیوں نہیں تھا؟

کشور: اُس کو معلوم کیوں نہیں تھا؟ ——— مجھے کیا معلوم؟ ——— بس اُسے معلوم نہیں تھا، اسلئے کہ اُسے معلوم نہیں تھا۔

لاجونتی: مجھے اس قسم کی اوٹ پٹانگ باتیں پسند نہیں۔ تم ٹھیک ٹھیک بتاؤ۔ کہ اُسے کیوں معلوم نہیں تھا۔ تم یہ کہہ دینے سے کہ اُسے معلوم نہیں تھا اپنے سانگ رام کو اُس کی مظلوم استری کی آنکھوں میں سرخرو ثابت نہیں کر سکتے۔ جو سزا میں نے تمہارے بابو سانگ رام کے لئے سوچ رکھی ہے، اُسے مل کے رہیگی ——— سمجھے؟ ——— تمہاری یہ چالاکیاں میرے ساتھ نہ چل سکیں گی۔

کشور: دیکھا نرائن ——— میں تم سے جھوٹ نہیں کہا کرتا۔ یہ عورت بارود کی بنی ہوئی بارود کی ——— آتش بازی کا چکر ہے ——— اب تم بتاؤ کہ ایسی حالت میں افسانہ کیسے مکمل ہو سکتا ہے؟

نرائن:۔ مجھے تم سے پوری ہمدردی ہے۔

لاجونتی:۔ اور مجھ سے؟

نرائن:۔ اور آپ سے میں صرف اس قدر کہنا چاہتا ہوں کہ آپ جو کچھ کہتی ہیں صحیح ہے

لاجونتی:۔ میں آپ کا شکریہ ادا کرتی ہوں۔

کشور:۔ مگر فیصلہ کیا ہوا؟

نرائن:۔ فیصلہ یہ ہے کہ کہانی کو کسی نہ کسی طرح ختم کر دیا جائے۔

کشور:۔ بہت بہتر۔۔۔ تو ہم کیا کہہ رہے تھے؟

نرائن:۔ یہ کہہ رہے تھے کہ دراصل اُس کے دل کو کوئی اور چیز ہی ستا رہی تھی۔ کیا؟
——— یہ اُسے معلوم نہیں تھا۔

لاجونتی:۔ اسی ادھیڑ بن میں وہ مکان کے قریب پہونچ گیا۔

کشور:۔ اتنی جلدی؟

لاجونتی:۔ تم بیچ میں نہ بولو جی ——— آپ لکھئے مسٹر نرائن ——— اسی اُدھیڑ بن میں وہ مکان کے قریب پہونچ گیا۔ اُس کی بیوی بڑی بے چینی سے کمرے میں اُس کا انتظار کر رہی تھی۔ بابو سانگ رام بڑے دروازہ میں داخل ہوا۔

کشور:۔ کہ ایکا ایکی اُسے کوئی خیال آیا اور باہر نکل کر سڑک پہ ٹہلنے لگا۔

لاجونتی:۔ دیکھئے نرائن صاحب، آپکے دوست اُس اختیار سے ناجائز فائدہ اُٹھا رہے ہیں جو ہم نے ہی اُن کے ہاتھوں میں دے دیا ہے۔

کشور:۔ کیسا اختیار؟ ——— جھوٹ نہ بولو لاج ——— آج تک تم نے مجھے کوئی اختیار بھی دیا ہے؟ ——— میں تو اس گھر میں نوکروں سے بدتر زندگی بسر کر رہا ہوں ———

مجھے کون سا اختیار دیا ہے تم نے، پرماتما کے لئے جھوٹ نہ بولو۔

لاجونتی:۔میری جوتی کو کیا غرض پڑی ہے جھوٹ بولنے کی ـــــ اوّل درجے کے جھوٹے تو تم ہو ـــــ ابھی پرسوں کی بات ہے، دوستوں کے ساتھ وسکی اُڑا کر رات کو جب آئے تھے اور میں نے پوچھا تھا یہ تیز تیز بو تمہارے منہ سے کیسی آرہی ہے تو تم نے کیا جواب دیا تھا۔

کشور:۔میں کیا جانوں، مجھے ہوش تھوڑی تھا۔

نرائن:۔بھابی میں ایک بات عرض کروں۔

لاجونتی:۔فرمایئے۔

نرائن:۔اس وقت تو آپکے پتی نے سولہ آنے سچ کہا ہے ـــــ بھئی کیشو میں تمہاری ہمت کی داد دیتا ہوں، مجھ سے تو اتنا بڑا سچ کبھی نہ بولا جاتا ـــــ اچھا بھابی! چھوڑیئے پرانی باتوں کو، ہمیں کہانی بھی تو مکمل کرنا ہے۔

لاجونتی:۔کیا لکھا یا تھا انہوں نے؟

نرائن:۔یکایک اُسے کوئی خیال آیا اور وہ باہر نکل کر سڑک پر ٹہلنے لگا۔

لاجونتی:۔گویا سڑک کوئی باغ تھا ـــــ خیر تو لکھئے ـــــ تھوڑی دیر ٹہلنے کے بعد بابو سانگ رام کے قدم اپنے آپ دروازے کی طرف اُٹھنے لگے اور ابھی وہ اچھی طرح کچھ سوچنے بھی نہ پایا تھا کہ سیڑھیاں طے کرکے دروازے کے سامنے تھا۔ اُسکی بیوی کو ایسا معلوم ہوا کہ اُس کا پتی آگیا ہے اور دروازے کے باہر کھڑا ہے۔ دوڑ کر اُس نے دروازہ کھول دیا۔

کشور:۔مگر اُس کو یہ دیکھ کر بڑی ناامیدی ہوئی کہ دروازے کے باہر کوئی بھی نہ تھا۔

لاجونتی:۔ وہ کیسے؟

کشور:۔ ایسے کہ بابو سانگ رام غلطی سے دوسری منزل پر ڈاکٹر ہیم چندر کے فلیٹ کو اپنا مکان سمجھے ہوئے تھا۔

لاجونتی:۔ اچھا ـــــ اچھا ـــــ کوئی بات نہیں، کوئی بات نہیں.... بابو سنگ رام غلطی سے دوسری منزل پر ڈاکٹر ہیم چندر کے فلیٹ کو اپنا مکان سمجھے ہوئے تھا۔ ـــــ یہی لکھا یا ہے نا تم نے؟ ـــــ آگے لکھیئے مسٹر نرائن ـــــ اُس نے دروازے پر دستک دی اور ڈاکٹر ہیم چندر ڈنڈا ہاتھ میں لیکر باہر نکلا۔

کشور:۔ او ـــ بابو سانگ رام نے ان الفاظ میں معذرت طلب کی.... مجھے سخت افسوس ہے کہ آپ کی مسہری کا وہ ڈنڈا جو میری بیوی نے غسلخانے کا نل صاف کرنے کے لئے منگوایا تھا فوراً واپس نہ پہونچا سکا ـــــ آپ کو بہت تکلیف ہوئی..

لاجونتی:۔ یہ.... یہ.... یہ سراسر اشتراکیت ہے .... یہ ظلم ہے.. مسٹر نرائن میں اس کے خلاف آواز بلند کئے بغیر نہیں رہ سکتی۔ آپ کے دوست مقابلے میں نہایت اوچھے ہتھیار استعمال کر رہے ہیں۔

نرائن:۔ مجھے اس کا پورا پورا احساس ہے.... مگر کیا میں آپ سے کچھ پوچھ سکتا ہوں؟

لاجونتی:۔ بڑے شوق سے!

نرائن:۔ کیا یہ جنگ ہے؟

لاجونتی:۔ جی ہاں، جنگ ہی تو ہے

نرائن:۔ تو معاف کیجیے۔ جنگ اور محبت میں ہر چیز روا ہوتی ہے ـــــ آپ کو بھی تو ہر قسم کا اختیار حاصل ہے۔

لاجونتی:۔ ہے نا؟ تو کیا میں اس اختیار سے فائدہ اُٹھاؤں۔

نرائن:۔ کیوں نہیں؟

لاجونتی:۔ تو دیکھئے ـــــ اس آسانی سے اُس اُلجھن سے نجات پاکر بابو سانگ رام اپنے فلیٹ میں پہونچا۔ اُس کی بیوی دہلیز میں کھڑی تھی۔ اپنے پتی کو ڈنڈا ہاتھ میں لئے آتا دیکھ کر اُس نے دوڑ کے ..... جو چیز اُسے پہلے نظر آئی اُٹھالی (گھنگھروؤں کی آواز) اور آنے والے حادثے کیلئے تیار ہوکر دروازے کے بیچ میں کھڑی ہو گئی ـــــ اب بچاؤ اپنے آپ کو۔

کشور:۔ لاجونتی، کہیں سچ مچ یہ گھنگھرو میرے ہی منہ پر نہ دے مارنا ـــــ پرے کر دو اس ہاتھ کو ـــــ اگر میرے ہاتھ میں ڈنڈا ہوتا تو اور بات تھی..... مگر میں تو نہتا ہوں۔

لاجونتی:۔ تم زیادہ باتیں نہ بناؤ جی ـــــ اپنے بابو سانگ رام کو بچانیکی کوشش کرو۔

کشور:۔ میں پہلے اپنے آپ کو تو بچاؤں ـــــ چھوڑ دو ان گھنگھروؤں کو لاجونتی ـــــ مجھے بڑی وحشت ہوتی ہے تمہارے اُٹھے ہوئے ہاتھ سے۔

لاجونتی:۔ اب دھری رہ گئی ساری چالاکی ـــــ بچاؤ اس مردوئے سانگ رام کو....

کشور:۔ بھئی پرماتما کے لئے مجھے اور بابو سانگ رام کو کسی حیلے سے بچاؤ ـــــ میرا دماغ تو اس نے ان گھنگھروؤں ہی سے پریشان کردیا ہے۔

لاجونتی:۔ (ظفرمندانہ ہنسی) میری طرف سے آپ کو مدد کرنے کی اجازت ہے، مسٹر نرائن۔

نرائن:۔ میں آپ کی اس عنایت کا بیحد شکرگذار ہوں ـــــ تو کیا میں سچ مچ ان کی مدد کرسکتا ہوں۔

لاجونتی:۔ میں تمام دنیا کے مردوں کو ان کی مدد کی اجازت دیتی ہوں ——— مجھے معلوم ہے کہ اب کوئی حیلہ کام نہ کر سکے گا۔

نرائن:۔ شاید ——— تو بابو سالگ رام کی بیوی آنیوالے حادثے کے لئے تیار ہو کر دروازے کے بیچ میں کھڑی ہوگئی...... وہ کانپ رہی تھی۔

لاجونتی:۔ کانپ رہی تھی ——— غصہ سے؟

نرائن:۔ جی نہیں ——— وہ کانپ رہی تھی ——— اُس کا پتی ڈنڈا ہاتھ میں لئے مضبوط قدموں سے اُس کی طرف بڑھ رہا تھا۔ کملا دوڑ کے آگے بڑھی اور اپنے پتی کے قدموں میں گر پڑی ——— گھنگھرو دھاگے کے بندھن سے آزاد ہو کر پتھریلے فرش پر تاروں کی طرح بکھر گئے۔

لاجونتی:۔ پھر کیا ہوا؟

نرائن:۔ بابو سالگ رام کو سخت حیرت ہوئی کہ یہ معاملہ کیا ہے۔ گھبرائے ہوئے لہجے میں وہ صرف اس قدر کہہ سکا "کملا"! ——— اور کملا نے آنسوؤں بھری آواز میں کہنا شروع کیا۔ "مجھے معاف کر دو ناتھ، مجھے معاف کر دو ——— جو کچھ میں نے کیا وہ صرف تمہاری خاطر تھا ——— صرف تمہاری خاطر ———" "میری خاطر؟" بابو سالگ رام نے پُوچھا۔ "ہاں تمہاری خاطر ——— اگر تمہارے سر پر تین ہزار روپے کا قرضہ نہ ہوتا تو میں کبھی ایسا نہ کرتی ——— مجھے معاف کر دو"

لاجونتی:۔ یہ کیا پہیلی ہے۔ میری سمجھ میں تو کچھ بھی نہیں آیا۔

نرائن:۔ بابو سالگ رام کی سمجھ میں بھی کچھ نہ آرہا تھا ——— اُس نے پُوچھا "کملا یہ تم کیا کہہ رہی ہو" ——— کملا نے جواب دیا "میں آج رات یونائیٹڈ کلب میں تمہاری اجازت کے بغیر

ناچ کے آئی ہوں، مجھے اس کے عوض تین ہزار روپے ملے ہیں جن سے تمہارا قرضہ ادا ہو سکتا ہے...... بابو ساگگ رام کے منہ سے بے اختیار ایک چیخ نکلی۔ وہ اس سے لپٹ گیا اور کہنے لگا "کیا رادھا کے لباس میں یونائیٹڈ کلب کے اسٹیج پر تم ناچ رہی تھیں —— میں بھی تو وہیں موجود تھا۔

کشور:- پھر کیا ہوا؟

نرائن:- پھر کیا ہونا تھا —— بابو ساگگ رام اور کملا خوشی خوشی کمرے میں جا کر سو گئے اور ساری رات اُن دونوں کے کانوں میں گھنگھروؤں کی جھنجھناہٹ گونجتی رہی۔ ...... اچھا پرنام بھابی..... گڈ نائٹ اولڈ بوائے..... میری دعا ہے کہ آج رات آپ دونوں کے کانوں میں بھی گھنگھرو بجتے رہیں۔

فیڈ آؤٹ

آؤ تاش کھیلیں

لاجونتی :- (اپنے پتی سے، اشتیاق بھرے لہجے میں) آؤ تاش کھیلیں۔

کشور :- (چونک کر) کیا کہا ؟

لاجونتی :- کیا بہرے ہو گئے ہو؟ —— کل بھی بھر بھر چلاتی رہی اور تم نے خاک نہ سُنا —— یہ سگرٹوں کی خشکی نہیں ہے تو اور کیا ہے؟ —— کانوں میں بادام روغن کیوں نہیں ڈلواتے ؟

کشور :- نسخے بعد میں تجویز کرنا، پہلے یہ بتاؤ تم کہہ کیا رہی تھیں۔

لاجونتی :- کہہ رہی تھی، آؤ تاش کھیلیں۔

کشور :- تاش کھیلیں، یہ بھی کوئی وقت تاش کھیلنے کا ہے، تم تو بے وقت کی شہنا ہو۔

لاجونتی :- اچھا یہ آج معلوم ہوا کہ تاش کھیلنے کا بھی ایک خاص وقت اور راک خاص لگن

ہوتی ہے

کشور:۔ میرا مطلب یہ تھا کہ جس طرح سیر کرنے کا وقت صبح سویرے یا شام ہوتا ہے اسی طرح تاش کھیلنے کا بھی ایک خاص وقت ہوتا ہے۔ ہر چیز کا ایک نہ ایک وقت ہوتا ہے۔ گانا وہی اچھا جو وقت پر گایا جائے۔ چائے صبح اور چار بجے ہی اچھی لگتی ہے۔ سگرٹ بھوک میں، آندھی میں اور اندھیرے میں اچھا نہیں لگتا، کھا کے، نہا کے، سو کے، اور منہ دھو کے ہی اچھا لگتا ہے۔

لاجونتی:۔ اور میں جناب سے یہ تو پوچھوں کہ آپکے خوش خوش دکھائی دینے کا کون سا وقت مقرر ہے ——— میں نے تو جب دیکھا تمہیں جلا بھنا ہی دیکھا۔ گھر میں ایک دو اچھے بول منہ سے نکالنا بھی تمہیں دوبھر معلوم ہوتا ہے۔ کوئی موئی ایکٹرس بیٹھی ہو تو چٹاخ پٹاخ باتیں شروع کر دو۔ بھلا مجھ نگوڑی سے تمہیں واسطہ ہی کیا ہے۔ تاش کھیلنے کو کہا تو چائے پینے اور موئے سگرٹ پینے کے وقت بتانے شروع کر دیئے۔ بھلا تاش کھیلنے سے ان کا کیا واسطہ۔ کھیل جب کھیلو کھیل ہے اور جب کھیلا جائے، وہی اُس کا وقت۔

کشور:۔ بس میرے منہ سے بات نکلی نہیں کہ پکڑ لی گئی۔ اچھا لاؤ تاش کھیلیں۔

لاجونتی:۔ گویا میرے باپ دادا پر بڑا احسان ہو رہا ہے۔ اگر نہیں کھیلنا ہے تو نہ کھیلو، کوئی زبردستی تھوڑی ہے ——— ذرا آئینے میں اپنی شکل تو دیکھو۔ حکم کے غلام بنے ہوئے ہو، کیا یہی منہ لیکر کلب میں تاش کھیلا کرتے ہو؟

کشور:۔ تم اب اس قصے کو چھوڑ دونا ——— آؤ تاش کھیلیں۔

لاجونتی:۔ تمہارے ساتھ کوئی بازی لگ کر کھیلے تو تمہیں مزا بھی آئے ——— میں تمہارے

ساتھ کھیلوں گی تو نہ کوئی داؤ ہوگا نہ شرط، بھلا ایسے سُوکھے کھیل سے تمہیں کیا دلچسپی۔ گر دسے دس بیس روپے نکلنے کا ڈر ہو تو تم کھیلو بھی۔

کشور:۔ میں اب کہہ جو رہا ہوں کہ لاؤ تاش، کھیلتا ہوں ـــــ اب کیا اشٹام لکھ دوں ـــــ پر میں پُوچھتا ہوں کہ تمہیں بیٹھے بیٹھے آج یہ تاش کھیلنے کی کیا سُوجھی؟ ـــــ تاش کے پتّے تو ٹھیک سے تم پکڑ نہیں سکتیں۔ کھیلوگی کیا خاک۔

لاجونتی:۔ تم ماں کے پیٹ سے تو یہ سب کھیل سیکھ کر نہیں آئے۔ دو دن کھیلوں گی، سب سمجھ میں آجائیگا اور پھر تاش کھیلنے میں کون سے پہاڑے یاد کرنا پڑتے ہیں۔ ـــــ جس کا پتّا بڑا ہوا جیت گیا۔

کشور:۔ لاؤ تاش کہاں ہے؟

لاجونتی:۔ یہ لو (تاش کے پتّے پھینٹنے کی آواز)

کشور:۔ ذرا سلیقے سے ملاؤ، یہ کیا کر رہی ہو ـــــ پلیٹ میں انڈے پھینٹے جا رہے ہیں یا چھاج میں دال پھٹک رہی ہو۔

لاجونتی:۔ مجھے نہ پڑھاؤ، میں تمہاری سب چالبازیاں سمجھتی ہوں ـــــ یہ لو اب بانٹو ـــــ میں ایسی کی ایسی تاش تمہارے ہاتھ میں دے دیتی اور تم سب اچھے پتّے آپ لے جاتے ـــــ لو اب جلدی سے بانٹ دو ـــــ کوئی گڑبڑ کی تو یاد رکھنا لڑائی ہو جائے گی۔

کشور:۔ دو ڈھیریاں بنا دیتا ہوں، جو اچھی لگے اُٹھالو (میز پر ڈھیریاں بنانے کی آواز)

لاجونتی:۔ اُٹھالی۔

کشور:۔ لو اب پتّا گرد۔

لاجونتی:۔ تم گرو، ہم کیوں گریں۔

کشور:۔ گرے ہوئے کو کیا گراتی ہو لاجونتی۔

لاجونتی:۔ اب لگے.....

کشور:۔ لو بابا..... اُف کرنے کی بھی تو اجازت نہیں..... یہ رہا (میز پر پتّا پھینکتا ہے)

..... حکم کا دہلا۔

لاجونتی:۔ ٹھیرو..... ٹھیرو..... اس کو کون جیتے گا..... ہاں، ہاں.....

(پتّا پھینکنے کی آواز) حکم کا غلام..... (ہنستی ہے) جیت لیا، جیت لیا..... چلو

اب دوسرا آؤ۔

کشور:۔ اب تمہاری باری ہے۔

لاجونتی:۔ واہ، ایک تو ہم پتّا جیتیں اور پھر ہم ہی پتّا گریں۔ یہ کہاں کا دستور ہے؟

کشور:۔ تم پتّا گرو ـــــ پرماتما کے لئے میرا مغز نہ چاٹو ـــــ اب تمہاری باری ہے۔

جو جیتتا ہے، وہی کھیلا کرتا ہے۔

لاجونتی:۔ تو لو..... ہم بالکل چھوٹا پتّا کھیلیں گے۔ یہی سہی..... ہمیں کیا ضرورت ہے

اچھا پتّا کھیلنے کی۔ یہ لو، ہم نے پان کی تگّی کھیلی۔

کشور:۔ اور ہم نے چوکے سے اُٹھالی۔

لاجونتی:۔ کبھی مجھے اُٹھا کے دیکھو جب جانوں ـــــ چوکے میں تم جیسے گندے آدمیوں

کو کبھی گھسنے نہ دوں۔

کشور:۔ اب تم یہ بیچ میں چوکے اور رسوئی کا جھگڑا کیا لے بیٹھی ہو۔ ہم تاش کھیل رہے

ہیں۔ باورچی خانے میں بیٹھے چولھے نہیں سلگا رہے۔

لاجونتی:۔ باورچی خانے میں کبھی چولہا سُلگانا پڑ جائے تو نانی یاد آجائے تمہیں —— باورچی خانے میں بیٹھے چولہے نہیں سُلگا رہے ہے۔ کیا بھولے سے منہ کیسا تھا تم نے یہ کہدیا ہے۔ کوئی سمجھے یہ چولہا سُلگانا معمولی کام ہے —— میری آنکھیں خراب ہوگئی ہیں، ہر روز کے دھوئیں سے، بھائی کم دینے لگا ہے اور ابھی یہ چولھے سُلگانے کا کام بڑا آسان ہے، بڑا معمولی ہے.....

کشور:۔ معلوم ہوتا ہے کہ آج تم اس تاش سے چولہا سلگوانا چاہتی ہو —— میں سچ کہتا ہوں، یہ سب پتے اُٹھا کر چولھے میں جھونک دونگا۔ تمہیں تاش کھیلنا ہو۔ تو سیدھے من سے کھیلو۔ بیچ میں یہ لکچر نہ شروع کرو۔

لاجونتی:۔ اب ناراض ہوگئے.... چلو، چلو.... ہاں ہاں، میں بھولی، میری باری ہے، یہ لو پان کی بیگم۔

کشور:۔ پان کے شاہ نے کاٹ دی۔

لاجونتی:۔ نہ رہے اس دُنیا کے تختے پر —— ان سارے پتوں میں ایک ہی بیگم آئی تھی اور یہ مُوا شاہ کاٹ کرلے گیا —— یہی بات مجھے اِس تاش میں بُری لگتی ہے۔ بھلا بیگم اور کاٹ لی جائے۔ گویا اُس کی کوئی بڑائی ہی نہیں۔

کشور:۔ دس پتوں —— دُگّی سے لیکر غلام تک پر تمہاری اِس بیگم کی تلوار چلتی ہے، جس پتّے کا سر چاہو جتنا سا اُڑا دو۔ اب اور کتنے اختیار چاہتی ہو؟

لاجونتی:۔ نہیں، میں اتنی اجازت دے سکتی ہوں کہ بیگم شاہ سے اُٹھائی جاسکتی ہے۔ ان دونوں کا کچھ جوڑ ہوا۔ بادشاہ، بیگم کو ٹھنڈے دل سے لے جائے، پر اور کوئی آنکھ اُٹھا کر نہیں دیکھ سکتا.... لیکن اس مُوئے اِکے کو تم نے یوں ہی بڑا بنا

دیا ہے۔ تمہیں بتاؤ، ایک سے دو بڑا ہوتا ہے یا نہیں؟

کشور:۔ ہاں ہوتا ہے۔

لاجونتی:۔ پرماتما تمہارا بھلا کرے ـــــ اب یہ سوچو کہ اِکّے کو دُگّی کیوں نہیں کاٹ سکتی۔

کشور:۔ یہ کھیل کے خلاف ہے۔ اِکّے کو دُگّی کاٹنے کا قاعدہ نہیں ہے۔

لاجونتی:۔ قاعدہ نہیں ہے، دستور نہیں ہے، یہ کیا ہوا ـــ واہ جی واہ، لوگ پُرانے قاعدے اور پُرانے قانون توڑنے کے لئے اپنی پیاری جانیں دے رہے ہیں مہاتما گاندھی اور پنڈت جواہر لال جی نے قیدیں کاٹیں کہ نئے قاعدے اور نئے قانون بنیں اور تم وہی لکیر کے فقیر بنے رہے ـــــ ذرا کبھی عقل سے بھی کام لیا کرو۔ شاہزادی کو شاہ لے گیا، اس لئے کہ وہ اُسی کی جنتی پر۔ یہ موا اکّہ جس کا نہ سر نہ پیر، یہ کیوں سب کا بنیچ ہوا ـــــ اسے کیوں ٹیا بنا دیا گیا ہے؟ ـــــ ہٹاؤ اس کو۔ اگر باون پتّوں میں سے ایک یہ کم ہو جائے تو کیا فرق پڑ جائیگا۔ قاعدے بنائے ہوئے ہیں۔ دستور یہ ہے، نوج ایسے کھیل پر۔۔۔۔ اور ہاں، میں تم سے یہ تو پوچھوں کہ تمہارے قاعدے بنانے والوں نے تاش میں استریاں کتنی رکھی ہیں؟

کشور:۔ استریاں کتنی رکھی ہیں، کس نے؟

لاجونتی:۔ میں یہ پوچھتی ہوں کہ تاش میں کتنے پتّے استریاں ہیں ـــ یعنی عورتیں کتنی ہیں؟

کشور:۔ استریاں۔۔۔۔ عورتیں؟۔۔۔۔ تمہیں ہر وقت ان باتوں ہی کا کھٹکا رہتا ہے۔ سارا دن تمہارے پاس رہتا ہوں، پھر بھی تمہارا شک دور نہیں ہوتا۔۔۔۔۔

میں تمہارے سوا کسی اور استری کی طرف آنکھ اُٹھا کر نہیں دیکھتا۔

لاجونتی:۔ (کھلکھلا کر ہنستی ہے) چور کی ڈاڑھی میں تنکا...... جی جناب میں یہ پُوچھ رہی ہوں کہ اس تاش میں کتنے پتّے ایسے ہیں جو مونث ہیں۔

کشور:۔ (گھبرا کر) اوہ، تُم یہ پُوچھ رہی تھیں...... کہ تاش میں کتنے مؤنث ایسے ہیں جو پتّے ہیں اور میں یہ سمجھا کہ تم یہ پُوچھ رہی ہو...... لو ابھی بتائے دیتا ہوں.... تاش میں اتنی عورتیں...... نہیں، اتنے پتّے عورتیں ہیں...... دُگی...... تگّی...... اور...... اور بیگم..... اور......

لاجونتی:۔ بس کرو ـــــ فقط تین۔ باون پتّوں میں صرف تین۔ تُم لوگ اُنچاس اور ہم صرف تین۔ یہ بھی عجب انصاف ہے۔ سچ تو یہ ہے کہ اِس تاش کا بنانے والا کوئی مردوں کا طرفدار بڑا بے انصاف آدمی تھا۔

کشور:۔ ارے تم تو تین قبول رہی ہو۔ اگر پتّوں میں ایک فقط بیگم ہی ہوتی تو باقی اکاون کا مقابلہ کرنے کو کافی سے زیادہ تھی۔

لاجونتی:۔ اس فوج کا سپہ سالار نہیں بنایا جاتا ـــــ کیا اچھے لگتے، ایک عورت کا مقابلہ کرتے۔ کوئی پُوچھتا یہ فوج کس دشمن پر دھاوا بول رہی ہے تو جواب دیتے ایک نہتّی عورت پر ـــــ مردانگی اسی کا نام ہے۔

کشور:۔ بات میں بات نکالتی ہو۔ دل سے نیو ڈالتی ہو اور پھر اینٹ پر اینٹ اور روڑے پر روڑا چڑھاتی ہو اور جس بات کو پکڑ لیتی ہو پھر پیچھا نہیں چھوڑتی ہو ـــــ کاہے کا دماغ پایا ہے۔

لاجونتی:۔ صاف صاف کیوں نہیں کہتے، اُکس کا دماغ پایا ہے ـــــ تو وہ بات بات

پر چلّانے کی عادت تمہاری ہی ہے۔ نوج تم سے کوئی اُلجھے۔ میری باتیں تو طرح طریقے کی ہوتی ہیں۔

کشور:۔ یعنی تم بات کرتی ہو تو یوں معلوم ہوتا ہے، منہ سے پھول جھڑ رہے ہیں، کیوں؟ —— پر آتش بازی کے پھول جو کلیجے کو جلا کر خاک سیاہ کر دیتے ہیں۔

لاجونتی:۔ تمہاری طرح نہیں کہ بات کرتے جاتے ہو اور سوئیاں کلیجے میں چبھوتے جاتے ہو۔ ایک ایک تمہاری بات ایک ایک تیر اور وہ بھی زہر میں بجھا ہوا۔ اس لئے تو میں بھولے سے بات نہیں کرتی۔ میں نے بھلا کیا کہا تھا، یہی نا کہ آؤ تاش کھیلیں بس اتنی سی بات تھی جسے افسانہ کر دیا۔

کشور:۔ میں نے افسانہ تو نہیں کیا۔ تُم ہی رامائن لیکر بیٹھ گئی ہو، جو ختم ہی نہیں ہوتی تاش کھیلنے بیٹھ گیا تو شروع ہو گئیں۔ شہزادی کو شاہ کیوں کاٹے۔ اِکے کو موگی کیوں نہ اُٹھائے —— تاش بنانیوالا......

لاجونتی:۔ بیشک گدھا تھا، پاجی تھا، لے اب سُنا اور مجھے چھیڑو۔

کشور:۔ لاجونتی......

لاجونتی:۔ اس موئے تاش بنانے والے پر سات جھاڑو اور حقے کا پانی —— اور سُنو۔

کشور:۔ اچھا بھئی توبہ ہوئی۔ توبہ، میری توبہ۔ آؤ تاش کھیلو۔

لاجونتی:۔ جاؤ اب نہیں کھیلتی۔ کھیلے میری جُوتی۔ کھیلے میری پیزار۔ سُنا کہ نہیں۔ تم جاؤ، اُن موئی الفتیوں سے تاش کھیلو۔ تم کو انہیں سے کھیلنے میں مزا آتا ہے۔

کشور:۔ ارے ارے..... ارے..... اتنا غصہ۔ بات کا بتنگڑ اسی کو کہتے ہیں۔ لے اب غصہ جانے دو۔ اب میں کچھ کہوں تو جو چور کی سزا وہ میری۔

لاجونتی:۔ بات کا بتنگڑ کہہ دیا اور کچھ کہا ہی نہیں۔ وہ تمہیں ہو جو پھُسری کا بھگندر کرتے ہو۔ آگ لگے اس کھیل کو، جھاڑو پھرے اس کھیل پر، ہیں درگذری، ایسا کھیل کھیلنے سے۔ موا کھیل نہ ہوا، جان کا وبال ہوا —— اتنی لڑائی لڑے نگوڑے اس ادنیٰ سے کھیل کے واسطے۔ چولہے میں جائے کھیل اور بھاڑ میں جائے کھیلنے والا

(تاش زور سے میز پر پھینکتی ہے۔ اس کی آواز)

کشور:۔ اب چولہے بھاڑ میں مجھے جھونک چکیں۔ دل ٹھنڈا ہو گیا نا؟ —— لے آؤ اب تاش کھیلو۔

لاجونتی:۔ تاش کھیلے میری بلا۔ تُم جاؤ اُن اپنی ہوتیوں سوتیوں کے ساتھ تاش کھیلو، وہ موئی لال منہ والی بندریاں، انگوڑی مھلی پھیریاں، وہ ہی تمہاری سب کچھ ہیں، میں تمہاری کون؟ —— نہ تین میں نہ تیرہ میں نہ سُتلی کی گرہ میں۔

کشور:۔ تم میری پتنی —— میرے سہرے جلوے کی بیاہی، گھر کی ملکہ، میرے من مندر کی دیوی، میری سب کچھ —— تم پر سے ہزار مھلی پھیریاں قربان —— آؤ میری لاج، غصے کو تھوک دو میری جان —— آؤ تاش کھیلیں —— لو اب مسکرا دو —— تمہیں میری جان کی قسم —— مجھے ہی ہاٹے کر کے بیٹھو۔ اگر نہیں مسکراؤ۔

لاجونتی:۔ اچھا ٹھہرو، کھیلتی ہوں، پر ایک شرط ہے۔

کشور:۔ وہ کیا؟ —— جو شرط بھی ہو مجھے منظور ہے۔

(نرائن کھانستا ہوا آتا ہے)

نرائن:۔ آہاہ —— آج تو بھابی جان تاش کھیل رہی ہیں، پر معلوم ہوتا ہے، ابھی تک بازی

نہیں لگی..... چلو یہ بھی اچھا ہُوا...... نمسکار بھابی جان...... آج ذرا مجھے دیر ہو گئی ایک دوست کے ہاں بیٹھ گیا...... اُس نے مجھے تاش کا ایک کھیل دکھایا۔ اور میرے ہوش گم کر دئے۔ میں جو پتّا کھینچوں وہ جھٹ سے بتا دے، بڑی دیر تک میں اُس کی منتیں سماجتیں کرتا رہا آخر کار اُس نے یہ کھیل مجھے سکھا دیا....

کشور:۔ سیکھ آئے ہو نا؟

نرائن:۔ ہاں ہاں سیکھ آیا ہوں، تمہیں ابھی دکھاتا ہوں (تاش پھینٹنے کی آواز) باون پتے پُورے ہیں نا؟

کشور:۔ پُورے ہیں ——— تم اپنی بھابی کو کھیل دکھاؤ، میں ابھی آیا۔

نرائن:۔ کہاں چلے؟

کشور:۔ میں کپڑے تبدیل کر کے ابھی آتا ہوں۔ تم انہیں کھیل دکھاؤ۔

نرائن:۔ اچھا بھئی تمہاری مرضی (تھوڑا سا وقفہ)...... بھابی آج کشور بڑا گھبرایا گھبرایا دکھائی دیتا ہے۔

لاجونتی:۔ مجھے کیا معلوم، آپ جانتے ہوں گے ——— کسی ایکٹرس و یکٹرس کے ہاں جانے کی ٹھانی ہوگی۔ اُن کے راز تو صرف آپ ہی کو معلوم ہوتے ہیں۔

نرائن:۔ نہ نہ نہ نہ...... مجھ سے قسم لے لیجئے جو مجھے معلوم ہو کہ آج اُس کے من میں کیا ہے۔ میں آج اِدھر آیا بھی تو صرف اس لئے کہ جو نیا کھیل سیکھا ہے آپ کو دکھا جاؤں۔ بڑا دلچسپ کھیل ہے...... دکھاؤں آپ کو؟

لاجونتی:۔ دکھائیے، پر آپ کیا سچ کہتے ہیں کہ آج اُن کی کسی کے ساتھ اپائنٹ منٹ نہیں ہے؟

نرائن:۔ (تاش پھینٹتے ہوئے) جونسا پتّا آپ اس میں سے..... ہاں کیا کہا آپ نے ؟

لاجونتی:۔ کچھ بھی نہیں..... ہاں جونسا پتّا ....

نرائن:۔ آپ ان میں سے کھینچیں گی میں آپکو بغیر دیکھے بتادوں گا۔ سمجھیں آپ.....
بغیر دیکھے۔ یعنی میں بالکل نہیں دیکھوں گا اور آپ کر آپکا کھینچا ہوا پتّا بتادوں گا۔
بغیر دیکھے.....

لاجونتی:۔ بغیر دیکھے..... ہوں..... پر آپ یہ نہیں بتا سکتے کہ وہ دوسرے کمرے
میں کیا کرنے گئے ہیں ؟

نرائن:۔ (تاش پھینٹتے ہوئے) بغیر دیکھے..... (چونک کر) کیا کہا آپ نے ؟

لاجونتی:۔ کچھ بھی نہیں..... ہاں تو بغیر دیکھے آپ میرا کھینچا ہوا پتّا بتادیں گے ......
بھلا وہ کیسے ؟

نرائن:۔ ایسے..... ایسے..... کہ میں تاش کے یہ سارے پتّے آپ کے سامنے
یوں پھیلاتا جاؤں گا..... آپ ان میں سے کوئی سا پتّا، یعنی جونسا آپ چاہیں
..... کھینچ لیں، پر مجھے نہ بتائیں کہ وہ کونسا پتّا ہے ــــ اس کے بعد میں آپ
کو بتادوں گا کہ آپ کا پتّا کیا تھا..... کیوں کیسا ہے یہ کھیل ؟

لاجونتی:۔ پھیلائیے پتّے !

نرائن:۔ یہ رہے..... ہاں ہاں کوئی سا پتّا کھینچ لیں..... تو کھینچ لیا آپ نے ؟

لاجونتی:۔ پان کا ستّا کھینچا ہے۔

نرائن:۔ آپ نے پان کا ستّا ہی کھینچا ہوگا، پر مجھے کیوں بتادیا ــــ آپ پتّا کھینچیں، پر
مجھے نہ بتائیں۔ یہ بتانا ہی تو اصل چیز ہے..... یعنی دیکھئے نا کہ مجھے بغیر دیکھے آپکا

کھینچا ہوا پتّہ بتاتا ہے ۔۔۔ سو اب آپ جو پتّہ کھینچیں، مجھے نہ بتائیں، بلکہ اپنے دل میں رکھیں اور دیکھیں کہ میں ٹھیک بتاتا ہوں کہ غلط۔۔۔۔ لیجیے ایک پتّہ اور کھینچیے۔۔۔۔۔ کھینچ لیا؟

لاجونتی:۔ جی ہاں کھینچ لیا۔

نرائن:۔ (تاش پھینٹتے ہوئے) اب میں یہ سارے پتّے آپ کو دے دیتا ہوں آپ جہاں چاہیں اپنا پتّہ رکھ دیں۔

لاجونتی:۔ لائیے (تاش پھینٹتی ہے) رکھ دیا۔

نرائن:۔ لائیے (تاش پھینٹتا ہے) رکھ دیا اور آپ نے ملا بھی دیا۔۔۔۔ بہت اچھا کیا ۔۔۔۔۔۔ لیجیے اب میں آپ کو آپ کا پتّہ بتاتا ہوں، پر آپ کو یاد ہے نا؟

لاجونتی:۔ یاد ہے، اینٹ کی تگّی تھی۔

نرائن:۔ اے لو، آپ نے پھر مجھ سے اپنا پتّہ کہہ دیا۔۔۔۔۔ ارے بھابی جان، آپ دل میں یاد رکھیے، مجھ سے کہیے نہیں۔۔۔۔ (تنگ ہار کر) اب میں آپ کو کیسے سمجھاؤں؟ دیکھیے جو پتّہ آپ کھینچیں، اُسے اس طور پر دیکھیں کہ میں دیکھنے نہ پاؤں اور پھر اُس کو دل میں یاد رکھیں اور مجھے ہرگز ہرگز نہ بتائیں۔۔۔۔۔ میرے پوچھنے پر بھی نہ بتائیں۔۔۔۔۔ سمجھیں آپ؟

لاجونتی:۔ اب میں بالکل سمجھ گئی ــــ لائیے پتّہ کھینچوں۔

نرائن:۔ (تاش پھینٹتے ہوئے) میں نے جو کچھ کہا ہے اُس کا خیال رہے گا نہ آپ کو؟

لاجونتی:۔ ہاں ہاں، کیوں نہیں ــــ پر آپ جلدی کیجیے، مجھے دوسرے کمرے میں جا کر پتا لینا ہے کہ وہ کیا کر رہے ہیں۔

نرائن:۔ دوسرے کمرے میں؟..... ہاں ہاں، بڑے شوق سے آپ دوسرے کمرے میں جا کر اپنا پتّا مِلا سکتی ہیں، میں پھر بھی آپ کو بتا دوں گا..... کھیل ہے مذاق نہیں ہے۔

لاجونتی:۔ آپ پتّا لکھوائیے۔

نرائن:۔ (تاش پھینٹتے ہوئے) یہ لیجیے۔

لاجونتی:۔ کھینچ لیا۔

نرائن:۔ یہ لیجیے تاش، اب اِس میں مِلا دیجیے۔

لاجونتی:۔ (تاش پھینٹتے ہوئے) مِلا دیا۔

نرائن:۔ مجھے واپس دے دیجیے (تاش پھینٹتا ہے) دیکھئے اب میں نے سب پتّے پھینٹ دیئے ہیں، دیکھا آپ نے؟ —— سب کے سب مِلا دیئے۔ اب تو مجھے نہیں معلوم کہ آپ کا پتّا کہاں ہے..... خیر اس کو چھوڑیئے، آپ کو اپنا پتّا خوب یاد ہے نا؟ —— کہیں بھول تو نہیں گئیں؟

لاجونتی:۔ بھول کیسے سکتی ہوں۔ پان کا ستا تھا۔

نرائن:۔ (تاش کی گڈی زور سے میز پر پٹکتے ہوئے) پان کا ستا ہی ہوگا، پر کس..... کس احمق نے آپ سے کہا کہ آپ بتا دیں..... میں..... میں...... اب میں کیا کہوں۔ ارے بھئی..... توبہ..... اچھا ٹھیریئے، ایک بار آپ پھر کھینچئے۔ در اصل میں چاہتا ہوں کہ آپ یہ کھیل ضرور دیکھیں..... یقین مانئے بہت دلچسپ ہے۔

لاجونتی:۔ (رازدارانہ لہجے میں) ٹھیریئے، میں ذرا دیکھوں تو وہ دوسرے کمرے میں اتنی دیر سے کیا کر رہے ہیں..... میں ابھی آئی۔

نرائن:- اور یہ کھیل؟ ..... یہ کھیل ..... بھابی جان، بھابی جان ..... سُنیئے تو .....
یہ کھیل جو میں ابھی ابھی سیکھ کے آیا ہوں ..... چلی گئیں (تاش کے پتے پھینٹنا شروع کر دیتا ہے ..... چونک کر) کشور ..... کشور ..... ذرا ادھر آؤ .....
یہاں بیٹھو۔ ایک کھیل دیکھو۔

کشور:- کیسا کھیل؟

نرائن:- ارے بھئی تاش کا اور کس کا ..... دیکھو گے تو ہوش گم ہو جائیں گے .....
یہ لو، میں پتے پھیلاتا ہوں، تم اِن میں سے کوئی سا پتا کھینچ لو ..... اور اُسے دیکھ کر تاش میں ملا دو، پر مجھے نہ بتانا کہ تمہارا کون سا پتا تھا، سمجھے، میں بن دیکھے تمہارا پتا بتا دوں گا، یعنی دیکھے بغیر ..... کیوں؟ ..... کیسا ہے یہ کھیل؟

کشور:- اچھا ہے، لیکن پھر کبھی دکھانا ..... اسوقت کوئی اور کھیل دیکھنے کو جی چاہتا ہے

نرائن:- لیکن کشور ..... تم سُن تو لو ..... شاید تم سمجھے نہیں ..... میں یہ سب پتے تمہارے سامنے پھیلاتا جاؤں گا، اور تم سے کہوں گا کہ ان میں کوئی سا پتا کھینچ لو ..

کشور:- یہ بکواس بند کرو ..... چلو چلو، اُٹھو ..... ارے، تم سُنتے ہو کہ نہیں .....
پیشتر اس کے کہ وہ آ نکلے ہمیں یہاں سے چل دینا چاہیئے، کھیل شروع ہونے میں صرف دس منٹ رہ گئے ہیں۔

نرائن:- میں بس ایک منٹ میں اپنا کھیل ختم کر دوں گا کشور ..... تم ذرا یہاں بیٹھو .....
..... دیکھو، یہ رہے پتے ..... میں ابھی ابھی یہ کھیل سیکھ کر آرہا ہوں .....
اور مجھے یقین ہے کہ تم اسے پسند کرو گے ..... میں تمہارا پتا بن دیکھے بتا دونگا ..... بن دیکھے .....

کشور:۔ (نرائن کے منہ پر ہاتھ رکھ دیتا ہے) بند کرتے ہو کہ نہیں اس بکواس کو۔

نرائن:۔ (منہ بند ہے، لیکن بولے چلا جاتا ہے) کشور، صرف ایک منٹ لگے گا......
اور تم یہ کھیل دیکھ لو گے...... یقین مانو بہت دلچسپ ہے...... میں
بن دیکھے..........

فیڈ آؤٹ

آؤ خط سُنو

کشور:۔ (اپنی بیوی سے، اشتیاق بھرے لہجے میں) اِدھر آؤ، خط سُنو

لاجونتی:۔ (دُور سے) کیا کہا؟

کشور:۔ میں کہتا ہوں اِدھر آؤ خط سُنو

لاجونتی:۔ کوئی اور کام نہ کروں (غصے میں) لو سُناؤ کیا کہتے ہو؟

کشور:۔ (گھبرا کر) میں کیا کہہ رہا تھا؟...... ہاں...... دیکھو لاجونتی، پُونہ سے نرائن کا خط آیا ہے، بے چارہ پچھلے دنوں بہت تکلیف میں تھا...... اُس نے یہاں سے ایک کتاب منگوائی ہے اور لکھا ہے......

لاجونتی:۔ اور ہاں...... وہ دوست جو آپ کی کتاب مہینہ ہُوا مانگ کر لے گیا تھا ابھی تک واپس کیوں نہیں لایا...... آپکے دوستوں کی یہی باتیں تو مجھے اچھی نہیں لگتیں۔ یہ الماری سب، کتابوں سے بھری ہوئی تھی اور آج اسمیں ایک کتاب

نظر نہیں آتی، چوہلے ہیں جائیں ایسے چونٹے دوست ...... ایک بھی ناول تو نہیں رہا پڑھنے کے لیئے۔ سب کے سب آپ نے اپنے یار دوستوں کی نذر کر دیئے ہیں۔ ایک فقط گھر میں دل بہلا دے کا یہی سامان تھا سو وہ بھی غارت ہوا

کشور:۔ گھبرانے کی کوئی بات نہیں، سب کتابیں آجائیں گی۔ پڑھ کر سب لوٹا دیں گے۔ ایک تو آج ہی کمار واپس دے گیا ہے ...... چھوڑو اِس قصّے کو ......

ہاں، تو میں یہ کہہ رہا تھا کہ نرائن کا خط آیا ہے۔ وہ لکھتا ہے کہ ......

لاجونتی:۔ ٹھیرو تو ...... یہ کمار ایک کتاب تو ٹھیک واپس دے گیا ہے پر فسانہ آزاد کی چار جلدیں بھی تو اُٹھا کر لے گیا ہے اور جو کتاب اُس نے واپس دی ہے کیسا پہچانی جاتی ہے کہ ہماری بھی؟ —— کتھے اور چونے کے دھبّے، سائن کے دلغ ...... پنسل اور قلم سے بنائے ہوئے بیل بوٹے ...... یہ کیا سب آپ نے ڈالے تھے یا میں نے؟

کشور:۔ جس گھر میں بچے زیادہ ہوں وہاں ایسی باتیں ہو ہی جاتی ہیں۔ میں نے اُس سے کہہ دیا تھا کہ "فسانہ آزاد" کی سب جلدوں کو الماری میں بند رکھا کرے اور پڑھتے وقت اُن پر کاغذ چڑھالیا کرے .... تو قصّہ یہ ہے کہ نرائن کا خط آج صبح کی ڈاک سے آیا ہے، وہ بیچارا بہت پریشان تھا۔ تمہیں نمسکار لکھا ہے۔

لاجونتی:۔ نمسکار ...... پہلے آپ یہ تو بتایئے کہ قمیص میں آپنے آج اتنا میلا کالر کیوں لگایا ہے؟ —— کیا میز کے دراز میں کوئی اور سفید کالر نہیں تھا؟ —— ابھی پرسوں ہی تو میں نے سب کالر دھو کر استری کئے ہیں۔ آخر یہ کیا ہو رہا ہے؟ ... میں کچھ دنوں سے دیکھ رہی ہوں کہ آپ اپنے لباس کی طرف بالکل دھیان

نہیں دیتے ــــــ آپ کے شُو کے تسمے بھی ٹوٹے ہوئے ہیں۔ حالانکہ میں نے کل ہی نئے تسمے منگوائے ہیں۔

کشور:۔ دفتر جانے کا ٹائم چونکہ ہو گیا تھا، اس لئے جلدی میں نکالکر بدلنا یاد رہا نہ تسمے ..... لیکن یہ معمولی بات ہے؛ کل بدل لونگا ..... میں نرائن کی بات کر رہا تھا۔ اُس کا خط آج صبح کی ڈاک سے آیا ہے۔ تُم نے شاید نہیں پڑھا۔

لاجونتی:۔ پڑھتی کیسے؟..... عینک کی کمانی جس دن سے آپ نے پیر کے نیچے دبا کر توڑی ہے میں نے ایک حرف بھی نہیں پڑھا۔ کل ذرا اخبار دیکھنے لگی تھی کہ سر میں درد شروع ہو گیا ــــــ آج آپ اتنی مہربانی کیجئے کہ میری عینک کی کمانی بنوا لائیے ــــــ مجھے بڑی تکلیف ہو رہی ہے اس کے بغیر۔

کشور:۔ آج ہی مرمت کرا لاؤں گا۔ اور اگر یہاں نرائن ہوتا تو مفت ہی میں یہ کام ہو جاتا۔ یہاں جب وہ عینک سازوں کی دکان پر نوکر تھا تو کتنا آرام تھا۔ تمہاری یہ عینک بھی تو اُسی نے لا کر دی تھی۔

لاجونتی:۔ جی ہاں وہی لائے تھے۔

کشور:۔ آج کل وہ پُونہ میں ہے؟ پچھلے دنوں بیچارہ بہت پریشان تھا۔ آج صبح اُس کا خط آیا ہے، لکھتا ہے کہ مجھے تاراپور کی دکان سے ......

لاجونتی:۔ میں آپ کو بتانا بھول ہی گئی تھی۔ کل شام کو تاراپور کی دکان سے ایک آدمی بل لیکر آیا تھا ــــــ یہ آپ نے ساٹھ روپے کی کتابیں ایک مہینے میں خرید کر کہاں غائب کر دیں ..... یہاں گھر میں تو ایک کو بھی آنا نصیب نہیں ہوا۔

کشور:۔ یہ کتابیں میری اپنی نہیں تھیں۔ دفتر میں ایک لائبریری کھولی گئی ہے اور اُس کا

انچارج مجھے بنایا گیا ہے۔ یہ ساری کتابیں اُسی لائبریری کے لئے خریدی گئی ہیں اور اس کا بل وہی ادا کریں گے...... تم میری بات تو سُن لو...... یہ بیچ میں کتابوں کا لردوں اور تسموں کے جھگڑے کیا لے بیٹھی ہو۔ نرائن کا خط آیا ہے، بیچارہ بڑی پریشانی میں تھا اور تمہیں کچھ پرواہی نہیں..... لو ذرا دھیان سے سُنو......اُس نے پُونہ سے خط لکھا ہے......

لاجونتی:۔ٹھیرئیے، ابھی سُنتی ہوں...... پہلے یہ بتائیے کہ آپ نے وہ خط تو پوسٹ کر دیئے جو میں نے کل اپنی سہیلیوں کو لکھے تھے، یا اب تک آپکی جیب ہی میں پڑے ہیں؟

کشور:۔ (زنگ آکر) جیب میں پڑے ہوں گے تو کون سی آفت آجائیگی۔ تمہاری سہیلیاں اور اُن کے خط جائیں بھاڑ میں۔ میں ڈیڑھ گھنٹہ سے اپنے دوست کی ایک بات تمہیں سُنانے کی کوشش کر رہا ہوں اور تم بیچ میں ٹوک ٹوک دیتی ہو۔ آخر یہ کیا مذاق ہے؟...... تمہیں جو کچھ کہنا ہے، ایک بار کہہ ڈالو تاکہ پھر میں آرام سے تمہیں اُس کا خط سُنا سکوں۔

لاجونتی:۔میری سہیلیوں اور اُن کے خطوں کو چولہے بھاڑ میں جھونک چکے، کلیجہ ٹھنڈا ہو گیا؟...... لو اب سناؤ، کیا سُنانا ہے۔ میں نے بھلا کیا کہا تھا جو تم نے یوں چلّانا شروع کر دیا۔

کشور:۔تمہاری زبان تو قینچی کی طرح چلتی ہے۔

لاجونتی:۔آپ کہیں تو منہ میں بخیہ بھر لوں

کشور:۔تم تو طیش پیدا کرتی ہو، بات میں بات نکالتی جاتی ہو۔

لاجونتی:۔آپ کی طرح پھاڑ کے رفو نہیں کرتی۔

کشور:۔ اور تم اپنی تقریر کی گُل کاریاں نہیں دیکھتیں۔ باتیں کرتی ہو تو معلوم ہوتا ہے چکن کاڑھتی جاتی ہو۔

لاجونتی:۔ یہ آپ نے نیا شلنگہ بھرا۔

کشور:۔ اور یہ آڑی بیونت تم نے نئی شروع کی۔

لاجونتی:۔ بھئی میں تمہارا مقابلہ نہیں کرسکتی —— اس مُونہا ٹھیٹھی کو بند کرو۔ تمہاری سنگر مشین تو کبھی بند ہوگی —— آؤ کوئی کام کی بات کریں۔ کچھ سوچیں۔

کشور:۔ کیا سوچو گی تم؟ —— کچھ سوچ بھی سکتی ہو؟ —— اگر تمہارے دماغ میں سوچ بچار کا مادہ ہوتا تو آج منّے کو دست پہ دست نہ آتے، اُس کا رنگ ہلدی کے مانند پیلا نہ پڑتا —— اگر تم کچھ سوچ سکتیں تو میرے اُسترے کے نئے بلیڈوں سے تم بارہ اسٹنسل نہ کاٹتیں اور آج صبح داڑھی مونڈتے وقت جو میں نے چھٹانک بھر لہو بہایا ہے میری رگوں ہی میں محفوظ رہتا (طنزیہ انداز میں)..... آپ سوچنا چاہتی ہیں...... یہ سوچا ہوگا کہ میرے سر پر یہ تھوڑے سے بال کیوں باقی رہ گئے ہیں۔

لاجونتی:۔ نوج تم سے کوئی بات کرے..... بھلا میں نے کیا کہا تھا جو تم یوں پنجے جھاڑ کر میرے پیچھے پڑ گئے۔

کشور:۔ تم نے ابھی کچھ کہا ہی نہیں —— پورا ایک گھنٹہ ہو گیا ہے، تمہیں ایک بات سُنانے لگا تھا کہ بیچ میں تم نے اپنی بکواس شروع کر دی۔ اُس نے بہت سی باتیں لکھی ہیں جو تم کو سُنانا ضروری تھیں، تمہارے تو ریکارڈ ہی ختم نہیں ہوتے، ایک بجا چکتی ہو تو دوسرا سُوئی کے نیچے رکھ دیتی ہو —— کوئی کسی حال میں ہو تمہاری

بلا سے۔ جب وہ اچھی حالت میں تھا تو اُس سے تحفے تحائف تم جھٹ سے وصول کر لیتی تھیں۔ پہلی عینک تم نے توڑی تو اس بیچارے نے اپنی گرہ سے تمہیں ایک نئی لا کر دی، یہ تم نے اپنی کسی سہیلی کو بخش دی تو اُس نے دوسری تمہیں مفت لا کر دی۔ وہ بیچارہ پچھلے دنوں سخت مصیبت میں تھا، بے کار پھر رہا تھا اور تم سنتی ہی نہیں کہ اُس نے اپنے خط میں کیا لکھا ہے۔

لاجونتی:۔ میں تو بالکل احسان فراموش نہیں۔ وہ آپ کے دوست ہی ہیں جو کسی کا احسان نہیں مانتے۔ مجھے اُنہوں نے دو مرتبہ عینک لا کر دی تو کیا میں نے چار دفعہ اُنکا گرم کوٹ رفو نہیں کر دیا تھا؟ —— پچھلے برس اُن کا نوکر ہماری نئی استری مانگ کر لے گیا تھا۔ میں نے آج تک اس کا تقاضا نہیں کیا۔ اس لئے کہ میں اُن کی احسان مند تھی —— اگر وہ تکلیف میں ہیں تو دس بیس پچاس روپے بھیج دیجئے، مجھ سے اجازت لینے کی کیا ضرورت ہے...... پہلے آپ نے کبھی ایسے معاملوں میں میرا مشورہ لیا ہوتا تو آج اچھے بھی لگتے مجھ سے پوچھتے۔

کشور:۔ لاجونتی، تم پوری بات سن کر اپنی کتھا شروع کیا کرو —— اُس نے کب ہم سے روپے مانگے ہیں۔ وہ آج تک ہمارے ایک پیسہ کا بھی روادار نہیں رہا۔ اُس نے روپوں کے لئے خط نہیں بھیجا —— خط میں اُس نے یہ لکھا ہے کہ......

لاجونتی:۔ ٹھہریئے میں گھڑی میں کوک بھر دوں۔ بارہ بج رہے ہیں، ایسا نہ ہو کہ بھول جاؤں اور صبح الارم ہی نہ بجے (گھڑی میں کوک بھرنے کی آواز)

کشور:۔ میں دیوار کے ساتھ اپنا سر ٹکرا کر مر جاؤں گا لاجونتی، ...... تم نے ...... تم نے یہ چھبیسویں مرتبہ میرا گلا گھونٹا ہے۔ میں بات کرتا ہوں اور تم ٹوک کر کوئی اور ہی قصہ

چھیڑ دیتی ہو — آخر میں انسان ہوں — اپنے اندر سے ایک بات باہر نکالنے کے لئے دو گھنٹے سے تڑپ رہا ہوں اور تمہیں ترس ہی نہیں آتا۔۔۔۔ کیا تم سچ مچ میرا تماشہ دیکھنا چاہتی ہو۔۔۔۔ لاؤ، ایک ڈگڈگی لے لو اور مجھے نچانا شروع کر دو۔۔۔۔ اگر میری بات تمہیں نہیں سُننا ہے تو یوں کرو اپنی ساڑھی کا پھندا بنا کر میرے گلے میں ڈال دو اور جھٹکا دیکر سارا جھنجھٹ ہی ختم کر دو — اس عذاب سے تو جان چھوٹیگی۔ (وقفہ)۔۔۔۔ لو اب تو سُن لو۔ لیکن یاد رکھو اگر اب بیچ میں مداخلت کی تو میں خودکشی کر لوں گا۔۔۔ سمجھیں۔

لاجونتی:۔ آپ تو ناحق بگڑ رہے ہیں۔

کشور:۔ ایک حق پر صرف تمہیں ہو، لو بس اب اِس جھگڑے کا خاتمہ کر دو اور سُنو — صُبح کی ڈاک سے نرائن کا خط آیا ہے۔۔۔۔۔

(نرائن کھانستا ہوُا داخل ہوتا ہے۔)

نرائن:۔ اور اس ڈاک سے وہ خود آ گیا ہے — آداب عرض بھابی جان۔

لاجونتی:۔ آپ۔۔۔ آپ کیسے آ گئے؟

کشور:۔ تُم۔۔۔ تُم۔۔۔۔ کیسے آ گئے؟۔۔۔۔ ابھی ابھی تمہارا ہی ذکر ہو رہا تھا۔ میں اس کو بتا رہا تھا کہ صبح کی ڈاک سے تمہارا خط آیا ہے جس میں تم نے۔۔۔۔۔

نرائن:۔ چھوڑو اس خط کو۔۔۔۔ یہ بتاؤ تمہاری صحت کیسی رہی۔۔۔۔ مُنّا اچھا ہے نا؟۔۔۔۔ اور بھابی جان آپ؟ — آپ کیسی ہیں؟

لاجونتی:۔ پرماتما کا شکر ہے۔

کشور:۔ نرائن تم کو واپس لاہور میں دیکھ کر کتنی خوشی ہوئی ہے، سُناؤ کام کیسا چل رہا ہے

——تم نے اپنے خط میں لکھا تھا کہ......

نرائن:۔چھوڑو اس خط کو...... یہ بتاؤ کہ تمہیں میرے اندر کوئی چیز کم یا زیادہ تو معلوم نہیں ہوتی؟ —— بھابی جان آپ بھی سوچ کر بتائیں۔

کشور:۔کوئی چیز کم یا زیادہ؟ —— میرا خیال ہے کہ تم دُبلے ہو گئے ہو۔

نرائن:۔تمہاری آنکھیں کمزور ہو گئی ہیں۔میرا وزن آٹھ پونڈ بڑھ گیا ہے۔

لاجونتی:۔آپ نے اپنی مونچھیں ذرا ہلکی کرا لی ہیں۔

نرائن:۔غلط آپ کی آنکھیں بھی کمزور ہیں۔

لاجونتی:۔ٹھیک ہے، اس لئے کہ میں عینک کے بغیر ہوں۔

نرائن:۔آپ نے بہت اچھا کیا جو عینک اُتار دی۔میری طرف دیکھئے، میں نے بھی تو ہمیشہ کیلئے اُتار پھینکی ہے اور اب میں نے قسم کھالی ہے کہ آئندہ کبھی اس لعنتی چیز کو استعمال نہیں کروں گا —— بھابی جان آپ کو معلوم نہیں کہ اس بظاہر بے ضرر شئے نے میری زندگی پر کتنا بُرا اثر ڈالا ہے۔آپ اور کشور —— آپ اور کشور کیا دُنیا کا کوئی شخص بھی تسلیم نہیں کریگا کہ وہ گول گول شیشوں نے جو ایک فریم میں جڑے ہوتے ہیں، مجھے تباہی اور بربادی کے کنارے پہنچا دیا، یہ تو پرماتما کی مہربانی تھی کہ میں بچ گیا ورنہ آج آپ سے یہ باتیں کرنے کا موقع کبھی نہ ملتا —— میں نے عینک ہمیشہ کیلئے اُتار پھینکی ہے یہی تبدیلی تھی جس کی بابت میں آپ سے پوچھ رہا تھا اور جو آپ میں سے کوئی نہ بھانپ سکا۔

کشور:۔لاجونتی، نرائن نے اپنے خط میں......

نرائن:۔تم خط کا ذکر کیا لے بیٹھے ہو کشور...... میں تمہیں اپنی زندگی کی ایک نہایت ہی

انوکھی داستان سنا رہا ہوں ـــــ کیوں بھابی جان یہ بات انوکھی نہیں ہے کیا کہ ایک عینک نے یعنی فریم میں جڑے ہوئے دو خوبصورت شیشوں نے مجھے قریب قریب برباد کر دیا۔ یہ تو میری خوش قسمتی تھی کہ میں بچ گیا ورنہ آج نہ جانے کیا ہوتا گیا نہ ہوتا ـــــ بھابی جان میں اُس انجام کے تصور ہی سے کانپ اُٹھتا ہوں جو مجھے عینک کی بدولت دیکھنا پڑتا۔ پرماتما کا ہزار ہزار شکر ہے کہ میں نے فوراً ہی اس منحوس شے کو ہمیشہ کے لئے اپنے سے جُدا کر دیا۔

لاجونتی:۔ تو کیا میں بھی عینک چھوڑ دوں۔

کشور:۔ لاجونتی تم نے اس کا خط تو سُن ہی لیا۔

نرائن:۔ فوراً...... جب آپ مجھ سے اس کی بُرائیاں سُنیں گی تو آپ اس کو نہ صرف چھوڑ دیں گی بلکہ اس کا نام تک نہ لیں گی ـــــ یہ ایک خطرناک شے ہے، بم اور زہریلی گیس سے بھی زیادہ خطرناک۔ صحت عزت اور دولت کے لئے یہ ایک جیسی نقصان دہ ہے۔

لاجونتی:۔ کیا سچ مچ؟

نرائن:۔ میں آپ کو ایک سچا واقعہ سُناتا ہوں جس نے میرے کان کھڑے کر دئے اور میں نے اپنی زندگی کے سب سے بڑے دشمن کا ہمیشہ کے لئے خاتمہ کر دیا ـــــ پونہ سے الہ آباد جا رہا تھا کہ گاڑی میں میری ایک آدمی سے ملاقات ہوئی۔ یہ عینک کا شکار تھا۔ اُس نے مجھے اپنی آپ بیتی سُنائی۔ اپنا سارا دکھڑا بیان کیا اور میں نے اُسی وقت اپنے تمام دُکھوں کے باعث یعنی عینک کو جو میری ناک پر چڑھی ہوئی تھی اُتار کر گاڑی سے باہر پھینک دیا۔ بھابی جان جس وقت میں نے ایسا کیا تو مجھے محسوس ہوا کہ

میرے سارے دلدر دور ہو گئے ہیں۔

لاجونتی:۔ گاڑی میں اُس مسافر کے ساتھ آپ کی کیا باتیں ہوئیں؟

نرائن:۔ باتیں تو بہت ہوئیں۔ لیکن میں آپ کو اُن کا خلاصہ سناؤں گا۔ وہ آدمی ایک بہت بڑے رئیس کا لڑکا تھا۔ اتفاق سے اُس کی محبت ایک لڑکی سے ہو گئی۔ اس لڑکی کو اُس نے ایک روز اپنے مکان سے بازار کے آخر والی بلڈنگ کی چھت پہ بال سکھاتے دیکھا اور فوراً ہی اُس کے تیرِ نظر کا گھائل ہو گیا۔ دو تین مہینے تک اُس نے بہت کوشش کی کہ اُس حسینہ کا ایک بار پھر دیدار ہو سکے۔ مگر وہ ناکام رہا۔ اس کی نگاہیں ہر روز کئی کئی گھنٹے اُس طرف جمی رہتیں۔ جہاں وہ ایک مرتبہ پہلے نظر آئی تھی مگر وہ ایک بار جلوہ دکھا کر ایسی غائب ہوئی کہ پھر نظر نہ آئی۔

لاجونتی:۔ لیکن اس سے عینک کا کیا تعلق ہو سکتا ہے؟

نرائن:۔ آپ سنتی جائیں ——— ہاں تو میں یہ کہہ رہا تھا کہ رئیس کے لڑکے نے اُس لڑکی کو صرف ایک بار دیکھا اور ایک بار اور دیکھنے کی ہوس اُس کے دل میں کروٹیں لینے لگی۔ چھ مہینے تک وہ اس خواہش کو اپنے سینے میں دبائے رہا۔ آخر کار ایک روز اُس نے اپنے دوست سے رازِ دل کہہ دیا۔ اُس نے جب کہا۔ اوہ یہ کون سی مشکل بات ہے۔ کہو تو میں آج ہی تمہارا اُس سے رشتہ کرا دوں۔ تو رئیس زادے کی باچھیں کھل گئیں۔ سلسلہ جنبانی ہوئی اور شادی کی تاریخ پکی ہو گئی۔

لاجونتی:۔ تاریخ پکی ہو گئی۔

نرائن:۔ جی ہاں۔

کشور:۔ لاجونتی تم نے یہ خط نہ پڑھ لیا ہوتا.....

لاجونتی: پڑھ لوں گی ـــــ نرائن صاحب آپ سنائیے پھر کیا ہُوا؟

نرائن:۔ اُن دونوں کی شادی ہوگئی ـــــ لڑکا خوش تھا کہ اُس کے دل کی مُراد بر آئی اور لڑکی کے ماں باپ خوش تھے کہ اُن کی بچی کو ایسا اچھا بر مل گیا۔ رئیس زادے نے شادی پر خوب جی کھول کر روپیہ خرچ کیا۔ اُس نے ہزاروں روپے کے زیورات اپنی محبوبہ کے لئے خریدے اور مختلف تحفے تحائف دیئے مگر شادی کے دوسرے روز.....

لاجونتی:۔ دوسرے روز؟

نرائن:۔ شادی کے دوسرے روز جب وہ اپنے دوستوں سے ملا اور اُنہوں نے اُس کو مبارکباد دی تو اُس نے زار و قطار رونا شروع کر دیا۔ پندرہ روز تک متواتر اُس کی آنکھیں آنسو بہاتی رہیں ـ اُس نے اپنا راز صرف ان آنسوؤں کو بتایا اور کسی پر ظاہر نہ کیا۔ مگر مجبور ہو کر آخر اسے اپنا دُکھ بیان کرنا ہی پڑا ـــــ۔ لڑکی جس کو وہ حسین سمجھتا تھا، کانی تھی، اور اُس کا چہرہ چیچک کے داغوں سے بھرا ہُوا تھا۔ اُس کا لہجہ نہایت کرخت اور طبیعت بیحد چڑچڑی تھی، البتہ بال کافی لمبے تھے۔

لاجونتی: طبیعت اور لہجہ تو خیر معلوم نہیں ہو سکتا، لیکن اُس کی بدصورتی تو وہ پہلے روز ہی دیکھ سکتا تھا۔

نرائن:۔ اُس کی آنکھیں کمزور تھیں اور اس پر جو عینک وہ استعمال کرتا تھا اُس کے شیشے اُس روز چکنے ہو رہے تھے۔

کشور: (زور سے ہنستا ہے)

نرائن:۔ تم ہنستے ہو، شاید اُس کی بے وقوفی پر قہقہے لگا رہے ہو مگر دوست سارا قصور عینک کا تھا جو کہ بہت پرانی تھی۔ اُس کی بینائی پہلے سے بہت زیادہ کمزور ہوگئی تھی اب اس عینک کے شیشے کام نہ دے سکتے تھے، چنانچہ جھابی جان! اُس کی زندگی ہمیشہ کے لئے تلخ ہوگئی۔ اُس کا گھر بار اُجڑ گیا، مقدمے ہوتے، ہزاروں روپے وکیلوں کی نذر ہوتے اور ایک دن ایسا آیا کہ وہ اس عینک کی بدولت پیسے پیسے کو محتاج ہوگیا۔

کشور:۔ تم نے اپنے خطابیں......

نرائن:۔ اس بات کا ذکر میں اُسمیں نہیں کر سکا...... تو دیکھا بھابی جان! کس طرح عینک نے ایک بہت بڑے رئیس کے لڑکے کو تباہ و برباد کیا۔۔۔۔ اب میری داستان سنیئے۔

کشور:۔ تمہاری؟

نرائن:۔ ہاں میری ــــ جب میں نے اُس دکھی آدمی سے اُس کی بپتا سنی تو فوراً ہی مجھے اپنی عینک کا خیال آیا اور میں نے سوچا کہ میری مصیبتوں کی جڑ بھی یہی چیز تھی مجھے گوپال داس گھنشام داس آپٹیشنز نے اس قصور پر ملازمت سے علیحدہ کر دیا تھا کہ میں نے ڈپٹی کمشنر کی میم صاحبہ کی عینک میں غلط نمبر کے شیشے لگا دیئے تھے۔ جس کے باعث اُس کے سر میں پندرہ روز تک درد ہوتا رہا...... آپ کو شاید اس واقعہ کا علم ہوگا؟

لاجونتی:۔ جی نہیں۔ مجھے یاد نہیں کہ آپ نے کبھی اس کا ذکر کیا ہو۔

کشور:۔ لاجونتی! یہ سب......

نرائن:۔ داستان کشور کو معلوم ہے..... دس سال میں پہلی بار مجھ سے غلطی ہوئی اور مجھے اس کا اعتراف ہے، مگر اس وقت میں اس غلطی کا سبب معلوم نہیں کر سکا تھا۔ مجھے ملازمت سے علیحدہ کر دیا گیا اور میں بے روزگار ہو گیا۔ پانچ مہینے دربدر پھرنے کے بعد چلتی گاڑی میں جب میں نے اس مسافر کی داستان سنی تو میری آنکھیں کھلیں۔ فوراً ہی میں نے اپنا چشمہ اتار کر دیکھا اور معلوم ہوا کہ اس کے شیشے اپنی جگہ سے ہٹے ہوئے تھے، اگر یہ اپنی جگہ پر ہوتے تو ڈپٹی کمشنر کی میم صاحب کی عینک میں غلط نمبر کے شیشے کبھی نہ لگائے جاتے۔

لاجونتی:۔ آپ کو عینک نے واقعی بہت نقصان پہونچایا۔

نرائن:۔ جی ہاں ــــ میں نمبر دیکھنے میں بہت ماہر تھا۔ دس برس یہی کام کرتے کرتے میں ایک نظر دیکھ کر بتا دیا کرتا تھا کہ فلاں شیشہ اس نمبر کا ہے اور فلاں اس نمبر کا۔ پر جب میری اپنی عینک کے شیشے اپنی مقررہ جگہ سے ہٹے ہوئے تھے تو غلطی کا ہونا ضروری تھا..... چنانچہ میں نے بھی اپنی تباہی کی داستان عینک کے سب سے بڑے شکار کو سنائی، اس نے مجھ سے ہمدردی کا اظہار کیا اور کہا جب مجھے معلوم ہوا کہ میری بربادی میں عینک کا ہاتھ تھا تو میں نے فوراً اتار کر توڑ ڈالی اور ایسی بوٹیوں کی تلاش میں جنگلوں کی طرف نکل گیا جس سے آنکھوں کی بینائی عینک کے بغیر درست ہو سکے۔ چنانچہ پانچ برس بڑے بڑے خوفناک جنگلوں کی خاک چھانتے کے بعد مجھے ایک سادھو بابا کی مدد سے ایسی بوٹی مل گئی جس کا سرمہ آنکھوں کی تمام کمزوریوں کو رفع کر سکتا ہے۔ اس سرمے کی ایک سلائی لگانے سے چودہ طبق روشن ہو جاتے ہیں۔ چتا، پھولا، موتیا بند وغیرہ سب مرض اس کے استعمال سے دور

ہو جاتے ہیں ـــــ یہ سرمہ آنکھوں کی روشنی ہے ـــــ اُس نے یہ کہہ کر بڑی مہربانی سے اِس سُرمے کا نسخہ مجھے بتایا اور کہا اسے اپنے گھر میں بناؤ اور لوگوں میں تقسیم کرو تاکہ سب کا بھلا ہو مگر لاگت سے زیادہ ایک پیسہ بھی لینا تم پر حرام ہے ـــــ چنانچہ صاحبان ـــــ اِس سُرمے کی چھوٹی شیشی کی قیمت صرف آٹھ آنے بڑی شیشی کی قیمت صرف ایک روپیہ ـ نمونے کی ایک سلائی آپ کو مفت مل سکتی ہے ـــــ نفع لینا مجھ پر حرام ہے (شیشیوں کی آواز) ـــــ صاحبان چھوٹی شیشی کی قیمت صرف آٹھ آنے، بڑی شیشی کی قیمت صرف ایک روپیہ، نمونے کی ایک سلائی مفت ـــــ نفع لینا مجھ پر حرام ہے۔

لاجونتی:۔ یہ آپ کیا کہہ رہے ہیں ـــــ کہاں عینک کی داستان اور کہاں یہ سُرمے کی شیشیاں۔

کشور:۔ لاجونتی، جو خط اس نے پُونہ سے بھیجا ہے، اُس میں.....

نرائن:۔ یہ سُرمہ بہت لاجواب ہے، ہزاروں اندھے اس کے لگانے سے دیکھنے لگے ہیں ـــــ یہ لیجئے دو شیشیاں، انکی قیمت صرف ایک روپیہ ہے۔ یعنی لاگت کے دام.....

لاجونتی:۔ آپ یہ کیا کہہ رہے ہیں، کچھ پتا بھی تو چلے ـــــ آخر یہ قصہ کیا ہے..... میری سمجھ میں تو کچھ بھی نہیں آتا۔

نرائن:۔ (ہنستا ہے) وہ کیوں؟ ـــــ کیا آپ کو کشور نے میرا خط پڑھ کر نہیں سُنایا جو میں نے پُونہ سے بھیجا تھا۔ میں اُس میں سب کچھ لکھ چکا ہوں

کشور:۔ میں پون گھنٹے سے اسے تمہارا خط سُنانے کی کوشش کر رہا تھا پر اس نے سُنا

ہی نہیں۔ میں ابھی ابھی اس سے کہہ رہا تھا کہ پونہ سے نرائن کا خط آیا ہے جس میں اُس نے......

نرائن:۔ پھر میں بتا دیتا ہوں —— بھابی جان اب میں نے یہ سُرمہ بیچنا شروع کر دیا ہے جب تک کوئی ملازمت نہیں ملتی میں یہی کام کروں گا۔ یہ ساری داستان جو میں نے ابھی آپ کو سُنائی ہے بڑی محنت سے میں نے سودا بیچنے کے لئے بنائی ہے —— کیوں بھائی کشور بتاؤ کیسی رہی؟

کشور:۔ (غصے میں) تم اور تمہاری داستان جائے بھاڑ میں.... لعنت ہو تم دونوں پر.... پہلے مجھ سے یہ چوہے بلی کا کھیل کھیلتی رہی، اور تم نے بھی آتے ہی یہی کھیل شروع کر دیا۔ مجھے کھلونا سمجھ لیا گیا ہے.... میں جاتا ہوں (کاغذ کی کھڑکھڑاہٹ)

نرائن:۔ ارے بھئی کہاں چلے۔

کشور:۔ (آواز دور سے آتی ہے) وہاں چلا ہوں، جہاں تم ایسے درندے نہیں ہونگے —— وہاں چلا ہوں جہاں میں یہ خط کسی کو اطمینان سے سُنا سکوں گا۔

فیڈ آؤٹ

آؤ کھوج لگائیں

کشور:۔ (اپنی بیوی سے ، بڑے سنجیدہ لہجے میں) ـــــ آؤ کھوج لگائیں۔

لاجونتی:۔ کھوج لگاؤ گے ـــ تم کھوج لگاؤ گے ـــــ تم جیسے لال بجھکڑوں کی بابت ہی تو وہ کہاوت مشہور ہے۔

کشور:۔ کون سی کہاوت۔

لاجونتی:۔ وہ جو ہاتھی کے پاؤں کا نشان دیکھ کر ایک لال بجھکڑ نے کہا تھا ـــــ چکی کا پڑ باندھ کر کوئی ہرنا ناچا ہوئے۔

کشور:۔ لاجونتی تمہیں شرم نہیں آتی میرا مذاق اُڑاتے ـــــ اور وہ بھی ایسے وقت جبکہ میرا اتنا نقصان ہو گیا ہے۔

لاجونتی:۔ آپ کا نقصان کیا ہُوا ہے ـــــ وہ تو میرے ہی گھر میں مُونچھا پھرا ہے ـــ

میرا ہی سب کچھ غارت ہوا ہے ـــــ آپ کا کیا گیا ہے ـــــ ایک فاؤنٹین پن اور وہ مُوا سگرٹ کیس۔

کشور:۔ لو بھئی تم نے یہ نیا شوشہ چھیڑ دیا ـــــ تمہاری نظر میں تو میرے سگرٹ اور پن کی کوئی قیمت ہی نہیں ہے ـــــ گویا بخشیش کے تھے ـــــ میرا سگرٹ کیس اصل چاندی کا تھا۔ جنگ سے پہلے اس کی قیمت بیس روپیہ تھی ـــــ آج کل تو کم از کم تیس روپیہ ہوگی اور وہ پن کوئی ایسا ویسا تھوڑے ہی تھا ـــــ ساڑھے سترہ روپے میں خریدا تھا۔

لاجونتی:۔ بس تمہیں تو اپنی ہی چیزوں کی فکر ہے چاہے دوسرے کا سارا گھر بار لُٹ جائے۔

کشور:۔ تمہارا گھر بار کیا میرا گھر بار نہیں۔

لاجونتی:۔ مجھے اس وقت نہ ستاؤ منے کے پتا ـــــ مجھے اس وقت نہ ستاؤ ـــــ میں اس وقت بھری بیٹھی ہوں ـــــ (آہ بھر کے) ـــــ پرماتما کرے نہ رہے اس دنیا کے تختے پر جس نے مجھ غریب پر اتنا ظلم کیا ـــــ کڑکتی بجلی گرے ـــــ پرماتما کرے کسی موٹر کے نیچے آجائے ـــــ کوڑھا ہو کے مرے۔

کشور:۔ لو تم نے تو رونا شروع کر دیا ـــــ نہ رو لاجونتی، نہ رو ـــــ تم روتی ہو تو میرا بھی جی بیٹھنے لگتا ہے ـــــ لو بس اب چپ کر جاؤ ـــــ ایسے صدمے آدمی کے لئے کوئی نئے نہیں ہیں ـــــ سچ پوچھو تو ہمیں اب اس کی بابت غور ہی نہیں کرنا چاہیئے۔ اور صبر شکر کر کے خاموش ہو جانا چاہیئے۔

لاجونتی:۔ خاموش ہو جانا چاہیئے ـــ کیوں ـــ کوئی ہم پر ستم ڈھائے اور ہم اُف بھی نہ کریں۔ دن دھاڑے ہمیں لوٹ لیا جائے اور ہم اس کی شکایت تک نہ کریں ـــ

—— کیوں —— تو پھر بتاؤ جی ہلکا کیسے ہو۔

کشور:۔ جی ہلکا یوں ہو سکتا ہے کہ سب کچھ بھول جانے کی کوشش کریں۔ ہنسی مذاق میں اس دکھ کو اڑا دیں —— لاجونتی —— تم خود سمجھدار ہو۔ آخر کب تک ہم یوں آہیں بھرتے رہیں گے۔

لاجونتی:۔ سب کچھ سمجھتی ہوں مگر کیا کروں۔ نگوڑے اس دل کے ہاتھوں مجبور ہوں۔ چاہتی ہوں دھیان ادھر سے ہٹ کر کسی دوسری طرف لگ جائے مگر بیٹھے بیٹھے ایک دم کلائی پر نظر پڑتی ہے تو دل میں اک ہوک سی اٹھتی ہے —— ٹوٹ جاتی —— اس کا ایک ایک پرزہ میری آنکھوں کے سامنے کوئی علیحدہ کر دیتا مجھ کو اتنا افسوس نہ ہوتا —— زیادہ دکھ تو اس بات کا ہے کہ معلوم نہیں کس کے پاس ہے کس کے پاس نہیں ہے —— اپنے پاس رکھی ہے یا بیچ باچ دی ہے۔

کشور:۔ تم اب اپنی جان ہلکان نہ کرو —— میں تمہیں اس سے کہیں اچھی گھڑی لادونگا —— سونے کی —— جو رات کو بھی وقت بتائے —— لو اب ہٹاؤ اس قصے کو —— آؤ کوئی اور بات کریں۔

لاجونتی:۔ لیکن چوری کس صفائی سے کی گئی ہے —— مجھے رہ رہ کے خیال آتا ہے۔ —— میری نیند کو اس روز کیا ہو گیا —— آپ کی تو خیر بہت بھاری نیند ہے کہ پاس ڈھول پیٹے جائیں اور آپ کو خبر نہ ہو پر مجھے کیا ہو گیا تھا —— چور آیا —— گھڑیاں، پیالے، سگرٹ کیس، قلم —— اور کیا ——

کشور:۔ اب چھوڑو بھی رونا اس داستان کو۔

لاجونتی:۔ ہاں —— چور بڑے مزے سے آیا —— گھڑیاں، پیالے، سگرٹ کیس،

قلم اور آپ کے استرے کے نئے بلیڈ لیکر چمپت ہوا اور تم دونوں آرام سے سوتے رہے ـــــ اگر وہ میز کرسیاں بھی اُٹھا کرلے جاتا تو تمہیں خبر نہ ہوتی۔

کشور:۔ ذرا آہٹ بھی نہیں ہوئی ـــــ لیکن چھوڑو ـــــ میں کہتا ہوں اگر ذرا سی آہٹ بھی ہوتی تو میں فوراً جاگ پڑتا ـــــ لیکن اب ان باتوں سے کیا فائدہ ہوگا ـــــ ہاں تم یہ بتاؤ میرا ٹیپ اور کب تیار ہوگا۔ اُس دن تو میں نے اب کے اتنی بڑھیا لاکر دی ہے تمہیں ـــــ بس اب ایسا ٹیپ اور بنے کہ طبیعت صاف ہو جائے۔ ـــــ نرائن کی آنکھیں کھلی کی کھلی رہ جائیں۔

(دروازہ کھلنے اور بند کرنے کی آواز)

نرائن:۔ نرائن کی آنکھیں تو اُس وقت ہی کھلی کی کھلی رہ گئی تھیں جب اُس نے یہ سنا تھا کہ تمہارے گھر پرسوں رات چور آیا اور گھڑیاں قلم دوات اور نہ معلوم کیا کیا کچھ اٹھا کرلے گیا ـــــ نمسکار بھابی جان ـــــ مجھے ابھی ابھی گھر سے معلوم ہوا کہ آپ کی چوری ہوگئی ہے ـــــ ہاں بھئی کشور یہ تو بتاؤ آخر ہوا کیا۔ میں سنتا ہوں تم مزے سے سوتے رہے اور چور اپنا کام کر گیا ـــــ کیا یہ سچ ہے۔

کشور:۔ جو کچھ بھی اب کہا جائے سچ ہے۔

نرائن:۔ یہ بھی کوئی جواب ہے ـــــ مجھے سارا واقعہ سناؤ ـــــ چور کب آیا، کب گیا ـــــ کون کون سی چیزیں اُٹھا کرلے گیا۔ کس راستے سے اندر داخل ہوا۔ جب وہ آیا اس وقت تم سو رہے تھے یا جاگ رہے تھے ـــــ تمہیں کس پر شک ہے ـــــ نوکر سے پوچھ گچھ کی ـــــ تمہارے ہمسائے کیا کہتے ہیں ـــــ پولیس میں رپٹ لکھوائی ـــــ اگر لکھوائی تو اس کا کیا حشر ہوا ـــــ یہ سب باتیں

مجھے بتاؤ ——— آخر چوری ہوئی ہے۔

کشور:۔ میں اس کے متعلق کوئی بات نہیں کرنا چاہتا۔

نرائن:۔ بھئی واہ ——— تو یہ چوری کیسے پکڑی جائے گی ——— مجھے بتاؤ کہاں کہاں سے چیزیں اُٹھائی گئی ہیں ——— میز پر یا کہیں اور چور کی اُنگلیوں کے نشان ملے ——— کیا فرش پر پاؤں کا کوئی نشان نہیں تھا ——— اگر کھڑکی کے راستے چور اندر آیا ہے تو جنگلے پر ضرور نشانات ہوں گے ——— اور ہاں میں نے سنا ہے کہ وہ تمہارے استرے کے نئے بلیڈ بھی لیتا گیا ——— اس کے متعلق تم نے غور کیا۔ بلیڈ کس چھاپ کے تھے ——— اور گھڑیوں میں کیا کوک بھری ہوئی تھی۔

کشور:۔ کوک شام کو بھری تھی یا رات کو ——— قلم میں روشنائی نیلی تھی یا سبز، بلیڈوں پر جو کاغذ چڑھا ہوتا ہے کس رنگ کا تھا ——— اب جانے دو نا شرلک ہومز ملنے کی کوشش نہ کرو ——— جیسے بلیڈوں کا چھاپ معلوم کر کے آپ چوری کا کھوج لگا لیں گے۔

نرائن:۔ اور یوں ہاتھ پر ہاتھ دھر کے بیٹھنے سے تم ضرور چوری کا پتہ لگا لو گے ——— نہ بتاؤ ——— میری بلا سے ——— آج کل میں کوئی اور چور آئے گا اور گھر میں جھاڑو پھیر کر چلا جائے گا پھر بھی کچھ نہ کرنا ——— تمہیں میری قسم ہے کھوج لگانے کی ذرا کوشش نہ کرنا ——— مجھ سے بھول ہوئی جو میں نے ہمدردی کے طور پر تم سے یہ باتیں کیں ——— اب کچھ تم سے پوچھوں تو جو چور کی سزا وہ میری۔

کشور:۔ تم ناحق بگڑتے ہو۔ بات دراصل یہ ہے کہ میں اس چوری کے متعلق کوئی بات نہیں کرنا چاہتا ——— رسیدہ بود بلائے ولے خیر گذشت۔

لاجونتی:۔ یعنی کوئی ہمیں اُٹھا کر نہیں لے گیا ——— سو آپ جب یوں ہی گھوڑے بیچ کر سویا کریں گے تو ایک روز یہ بھی ہو جائے گا ——— نرائن صاحب ذرا ان کی نیند ملاحظہ ہو کہ چور کمرے میں داخل ہوا ——— میزوں کے سب درازوں کی تلاشی اس نے لی ——— اور تو اور ساس تپائی پر سے اس نے گھڑی اُٹھائی جو ان کے سر کے ساتھ جڑی رہتی ہے لیکن انہیں خبر تک نہ ہوئی ——— بھئی کیا نیند پائی ہے

کشور:۔ مجھے کوسے چلی جاتی ہو ——— تپائی کی طرف تو تم ہی سوتی ہو ——— تمہیں کیا سانپ سونگھ گیا تھا۔

لاجونتی:۔ کیا فضول باتیں کرتے ہو ——— میری چارپائی تو دوسرے کمرے میں ہے۔

کشور:۔ (گھبرا کر) ——— ارے ہاں ——— تمہاری چارپائی تو دوسرے کمرے میں ہے ——— میں یہ کہہ رہا تھا ——— میں یہ کہہ رہا تھا کہ تپائی جو میرے سر کے ساتھ جڑی رہتی ہے کیوں نہ ہلی ——— تمہارا کیا خیال ہے نرائن۔ مجھے تو یہ چور بڑا ہوشیار معلوم ہوتا ہے۔

نرائن:۔ تم میاں بیوی سے تو معمولی چور بھی ہوشیار ہو گا ——— ہاں تو آپ دونوں ایک پلنگ پر سو رہے تھے کہ ———

لاجونتی:۔ نرائن صاحب۔

نرائن:۔ جی۔

لاجونتی:۔ میں بھول ہی گئی کہ میں کیا کہنے والی تھی ——— ہاں نرائن صاحب یہ چور چوری کیوں کرتے ہیں۔

نرائن:۔ (ہنستا ہے) ——— چور چوری کیوں کرتے ہیں (ہنسنا بند کر کے) ———

بھئی نہیں بات معقول ہے ——— چور چوری کیوں کرتے ہیں سوچنا چاہیئے۔ تمہارا کیا خیال ہے کہ چور کس لئے چوری کرتے ہیں۔

کشور:۔ اس لئے چوری کرتے ہیں کہ میاں بیوی میں لڑائی ہو۔

لاجونتی:۔ بس آپ کو تو ہر وقت لڑائی جھگڑے ہی کی سوجھتی ہے۔

نرائن:۔ چھوڑیئے اس قصے کو ——— ہاں بھئی کشور تم یہ بتاؤ کہ چور زیادہ تر مرد ہوتے ہیں یا عورتیں۔

لاجونتی:۔ عورت بیچاری کیا چوری کرے گی۔ ہزار میں ایک ہوگی مگر چور تو ہوتے ہی مرد ہیں ——— نتھو چوٹا نامی گرامی لکھنؤ کا چور گذرا ہے جو چھت میں جست لگا کر چھپکلی سا چمٹ جاتا تھا۔

کشور:۔ کمنی خانہ بدوشوں کی سردار عورت پنجاب میں ایسی گزری ہے جس نے چوروں کے بھی کان کاٹے ہیں ——— بڑے بڑے ڈاکوؤں کو دریا لیجا کر پیاسا لاتی تھی۔

لاجونتی:۔ میرے گلے کا لاکٹ تمہارے اس راموہی نے چرایا تھا۔

کشور:۔ اور میری ٹائم پیس تمہاری وہ درگاہی میانی میں چھپا کر بھاگ رہی تھی۔

نرائن:۔ تو ثابت ہوا کہ مرد اور عورتیں دونوں چور ہوتے ہیں۔

کشور:۔ ثابت کچھ نہیں ہوا ——— اب ہمارا تماشا دیکھنے کی کوشش نہ کرو ——— لاجونتی اب بند کرو اس گفتگو کو ——— بتاؤ وقت کیا ہوا ہے۔ مجھے باہر جانا ہے۔

لاجونتی:۔ وقت ——— لیکن گھڑی کہاں ہے ——— (آہ بھر کے) پرماتما کرے وہ کلائی ہی ٹوٹ جائے جس پہ میری گھڑی باندھی جائے ——— موئے نے بیچ بھی دی ہوگی اونے پونے داموں میں ——— پرماتما کرے کیڑے چلیں اس کے جسم میں ———

ایڑیاں رگڑ رگڑ کے جان دے ——

(دروازے پر دستک)

کشور: کون ہے؟

(دروازے پر دستک)

کشور: (کرسی پر سے اٹھنے کی آواز) —— اس وقت کون آیا ہے —— کون ہے۔

(دروازہ کھولنے کی آواز)

کشور: فرمایئے آپ کو کس سے ملنا ہے؟

ملاقاتی: آپ سے۔

کشور: آپ کا اسم گرامی۔

ملاقاتی: میں ابھی عرض کرتا ہوں —— جو گفتگو ابھی ابھی آپ لوگوں کے درمیان ہو رہی تھی، اس کے متعلق مجھے کچھ کہنے کی اجازت دی جائے تو میں آپ کا ممنون ہوں گا۔

کشور: اندر تشریف لے آیئے —— (دو تین سکنڈ کے لئے خاموشی —— پھر کرسیوں کی آواز) بیٹھئے —— ہاں —— یہ میری وائف ہے اور یہ میرے دوست مسٹر نرائن۔

ملاقاتی: نمسکار —— میں آپ دونوں کو جانتا ہوں۔

کشور: کیا؟ آپ نے؟

نرائن: مجھے —— مجھے آپ کیسے جانتے ہیں۔

ملاقاتی: میں زیادہ دیر تک آپ لوگوں کو اندھیرے میں رکھنا نہیں چاہتا —— میں آپ سب کا احترام کرتا ہوں —— آپ کے تو میں کئی افسانے پڑھ چکا ہوں اور میں سمجھتا ہوں کہ موجودہ دور میں صرف آپ ہی ہندوستان کے بڑے افسانہ نگار

ہیں کیونکہ آپ کے تخیل میں ندرت ہے ——آپ ترقی پسند ہیں —— سچ پوچھئے
تو ہمارے ادب نے ابھی تک افسانہ پیدا ہی نہیں کیا مگر آپ نے ——
نرائن :- قدر افزائی کا شکریہ —— آپ نے بالکل صحیح فرمایا ہے کہ ہندوستانی ادب
میں افسانہ ناپید ہے —— جو لکھنے والے ہیں ——
کشور :- مگر ابھی تک ہم سب اندھیرے میں ہیں۔
ملاقاتی :- معاف کیجیئے گا میں اور نرائن صاحب افسانے کی رو میں بہ گئے —— ہاں تو
نرائن صاحب آپ سے ہندوستان کے افسانوی ادب پر پھر کبھی باتیں ہونگی ——
مجھے پہلے اپنا تعارف کرانا چاہیئے تھا —— خاکسار وہ چور ہے جس نے یہاں کی
چیزیں چرائی ہیں۔
لاجونتی :- (چونک کر) —— چور ——
کشور :- کیا کہا آپ نے ؟
نرائن :- آپ چور ہیں ؟ —— اور میرے افسانے ——
ملاقاتی :- میں آپ کے افسانوں کے متعلق پھر گفتگو کرونگا —— جی ہاں خاکسار
وہی چور ہے جو پرسوں رات یہاں حاضر ہوا تھا۔
لاجونتی :- میری گھڑی —— (ایکا ایکی چونک کر —— چیخ کے ساتھ)
ملاقاتی :- جی ہاں یہ آپ ہی کی گھڑی ہے جو میں نے اپنی کلائی پہ باندھ رکھی ہے ——
میرا خیال تھا کہ یہ ٹھیک وقت دے گی مگر اب معلوم ہوا ہے کہ یہ پندرہ منٹ
تیز چلتی ہے۔
لاجونتی :- میں —— میں ——

ملا فانی:۔ لیکن اس کا مطلب یہ نہیں کہ میں آپ کے انتخاب کو اچھا نہیں سمجھتا ــــــ آپ کا ذوق یقیناً بہت اچھا ہے ــــــ آپ کے سنگھار کی دوسری چیزیں اس کی گواہ ہیں ــــــ مگر آپ نے مجھے گالیاں دیکر احترام کے اس جذبے کو ضعیف کر دیا ہے جو کہ میرے دل میں آپ کے متعلق پیدا ہو گیا تھا ــــــ گہری نیند سونے والی خاتونوں اور آرٹسٹک انتخاب رکھنے والی عورتوں کا رتبہ میری نگاہوں میں ہمیشہ بلند رہا ہے ــــــ لیکن آج میں نے جب آپ کی زبان سے اپنے متعلق غیر مناسب الفاظ سنے تو یقین مانیئے مجھے بہت صدمہ ہُوا ــــــ حیرت ہوتی ہے کہ آپ جیسی بلند سیرت خاتون نے میری تذلیل کی۔

نرائن:۔ تذلیل۔

کشور:۔ چور کی تذلیل ــــــ آپ کہنا کیا چاہتے ہیں۔

ملا فانی:۔ یہی کہ میری بیحد تذلیل ہوئی ہے ــــــ اس گھر میں جس کی ہر ایک شے میں بڑی آسانی سے اُٹھا کرلے جا سکتا تھا آپ سب نے مل کر میرے وقار پر حملہ کیا ہے ــــــ میرے تعزّز کی مٹی پلید کی ہے ــــــ میری غیر موجودگی میں آپنے میرے پیشے کو بُرا بھلا کہا ہے ــــــ ایک شریف آدمی کی اس سے بڑھ کر اور کیا ہتک ہو سکتی ہے۔

کشور:۔ وقار۔

لاجونتی:۔ تعزز۔

کشور:۔ شریف آدمی۔

نراین:۔ سگرٹ شوق فرمایئے ــــــ (دیا سلائی جلانے کی آواز)

ملا فانی: شکریہ ——— (سگریٹ سلگاتا ہے) ——— میں یہاں صرف اپنی پوزیشن صاف کرنے آیا ہوں ——— میں جانتا ہوں کہ قانون کی نظر میں ہم لوگ سوسائٹی کے دشمن ہیں لیکن اگر اس دشمن پر تہمتوں کے انبار لگا دیئے جائیں اور اسے ذلیل و رسوا کیا جائے تو بتایئے اُس کے جذبات کو کس قدر ٹھیس پہنچے گی ——— ہمیں ایک عام پیشہ ور کی حیثیت سے کیوں نہیں دیکھا جاتا ——— میں اس سوال کے منطقی اور معاشرتی پہلوؤں کو نظر انداز کرتے ہوئے آپ کو صرف یہ بتانا چاہتا ہوں کہ ہمارا پیشہ اس شئے لطیف کے بالکل قریب ہے جسے ہم آرٹ کہتے ہیں ——— ہمارے پیشے میں وہ تمام عنصر موجود ہیں جو آرٹ کی تکمیل کے لئے ضروری ہیں ——— مثلاً فراخ ہمتی۔ امنگ۔ خیال آرائی۔ تخلیقی تحریک روحانی فیضان اور ایجاد کا مادہ ——— اگر میں آپ سے کہوں کہ چور بننے کے لئے فطری صلاحیت کا ہونا اشد ضروری ہے تو شاید آپ میرا مذاق اُڑانا شروع کر دیں گے مگر یہ حقیقت ہے۔ بعض لوگ قدرتی طور پر غیر معمولی حافظے کے مالک حاضر دماغ اور تیز نگاہ ہوتے ہیں ——— اُن کے ہاتھوں میں بلا کی پھرتی ہوتی ہے۔ اُن کی قوتِ لامسہ بہت تیز ہوتی ہے ——— یہ لوگ اگر آپ یقین فرمائیں صرف اس لئے پیدا ہوتے ہیں کہ شاندار ہتھے باز بنیں ——— اور جیب کتروں کا پیشہ اختیار کرنے کے لئے بڑی چابکدستی۔ حرکت کے زبردست تیقن، مشاہدے اور توجہ کی انتہائی شدت اور حاضر دماغی کی ضرورت ہوتی ہے ——— جس طرح شاعر پیدا ہوتا ہے اسی طرح چور پیدا ہوتا ہے ——— اور اصلی چور کو آپ کسی حیلے سے بھی لالچ دے کر اپنے راستے سے نہیں ہٹا سکتے۔ اچھی ملازمت

کی پیش کش۔ قیمتی سے قیمتی تحفہ حتیٰ کہ عورت کی محبت بھی اسے ورغلا نہیں سکتی۔ اس لئے کہ اس کے پیشے میں خطرے کی مستقل خوبصورتی۔ کھٹکے کی مسرت افزا گہرائی۔ دل دہلنے کا لطف اور نبضِ حیات کی تیز دھڑکن ہے ——— ان سب کے اُوپر ایک کیف ——— ایک ——— ایک وجد ——— ایک ناقابلِ بیان ترنگ سے

کشوری۔ (ہنستا ہے۔ خوب ہنستا ہے) ——— بھئی لطف آ گیا ——— ان سب کے اُوپر ایک کیف ——— ایک وجد ——— ایک ناقابلِ بیان ترنگ ہے ——— اور اس کے اُوپر میرے معزز ملاقاتی کا سر ——— (ہنستا ہے)

ملاقاتی:۔ نرائن صاحب۔ آپ اپنے دوست سے کہیں کہ زیادہ نہ ہنسیں ہنسی وہ ہے جو خود بخود آ ئے۔ زبردستی ہنسنا صحت بخش نہیں ہوتا۔

نرائن:۔ اسے ادب آداب سے کوئی واسطہ نہیں ——— آپ جو کچھ کہہ رہے تھے اسے جاری رکھئے۔ میں ہمہ تن گوش ہوں۔

ملاقاتی:۔ ——— میں یہ عرض کرنے والا تھا کہ آپ لوگ قانون۔ قسم قسم کے تالوں۔ بندوقوں۔ تلواروں۔ پولیس کے سپاہیوں اور ٹیلی فونوں سے مسلح ہیں۔ لیکن ہمارے پاس صرف پھرتی۔ ہوشیاری اور بیباکی ہے۔ جس کے ذریعے سے ہم آپ کا مقابلہ کرتے ہیں ——— اور ہاں کیا آپ کو معلوم ہے کہ ہمارے دیہاتوں میں صاحب ذکاوت لوگ جو کہ آرٹسٹک طبیعت کے مالک ہوتے ہیں۔ اکثر گائے چور بن جاتے ہیں یا گھوڑے چرانا شروع کر دیتے ہیں۔

کشوری:۔ کیوں۔

ملاقاتی:۔ اس کے سوا اور وہ کر ہی کیا سکتے ہیں ——— یہ زندگی اُونچی فضاؤں میں پرواز

کرنے والی روحوں کیلئے بہت ہی کم حقیقت۔ نہایت درجہ خشک اور بے کیف ہے۔

لاجونتی:۔ وہ ذہانت اور ذکاوت کس کام کی جو بری جگہ استعمال ہو۔

ملاقاتی:۔ خاتونِ محترم ــــ ذہانت اور ذکاوت اگر مسجد و مندر سے الگ کر دی جائے تو بھی اس کی خوبصورتی میں فرق نہیں آتا ــــ ترقی ایک قانون ہے، اور چوری کی بھی مخلوق ہوتی ہے ــــ یہ لیجئے اپنی گھڑیاں ــــ اس گھڑی کا اسٹرپ میں نے بدل دیا ہے چونکہ پہلا بہت ہی ان آرٹسٹک تھا ــــ میں ان لوگوں کی گھڑیاں اپنے پاس نہیں رکھا کرتا جو مجھے گالیاں دیں اور میرے پیشے کو بالکل غلط رنگ میں دیکھیں ــــ اچھا اب میں اجازت چاہتا ہوں۔

نرائن:۔ سگرٹ شوق فرمائیے۔

ملاقاتی۔ شکریہ ــــ یہ آپ کا سگرٹ کیس بہت اچھا ہے۔ (سگرٹ سلگانے کی آواز)

نرائن:۔ میں ایک بات آپ سے پوچھ سکتا ہوں۔

ملاقاتی:۔ بڑے شوق سے۔

نرائن:۔ آپ کشور کے بلیڈ کیوں چرا کر لے گئے تھے؟

ملاقاتی:۔ (ہنستا ہے) ــــ بلیڈ ــــ قصہ یہ ہے کہ جس روز میں یہاں آیا اُس روز میں نے ان نئے قسم کے بلیڈوں سے داڑھی مونڈی تھی ــــ بڑے واہیات بلیڈ ہیں گھاس کھودنے والا اوزار اِن سے بہتر ہوگا ــــ سنگھار میز پر جب میں نے ان کو دیکھا تو اُٹھا کر جیب میں رکھ لیئے تاکہ صبح اُٹھ کر جب یہ داڑھی مونڈنے لگیں تو اپریشن سے محفوظ رہیں ــــ میز کا داہنا دراز جو مقفل تھا۔ میں نے کھولا تھا مگر اس میں ان کے پرائیویٹ خط تھے ــــ ایک خط میں نے پڑھا تھا

ــــــــ داغ ان کو بہت پسند ہے۔ جگہ جگہ آپ نے اس کے شعر ٹھونسے ہوئے تھے ــــــ یہ خط آپ نے ابھی تک پوسٹ نہ کیا ہو تو ایک شعر درست کرلیجیے گا۔ ــــ آپ نے لکھا ہے

میری فریاد دوسرا نہ سُنے

بُت ہی سُن لیں اگر خدا نہ سُنے

یہ غلط ہے۔ آپ نے امیر اور داغ دونوں کے شعروں کو خلط ملط کردیا ــــــ امیر کا شعر یوں ہے:۔

میری فریاد رائگاں تو نہ ہو

بُت ہی سن لیں اگر خدا نہ سُنے

امیر کے مضمون میں اتنی ترقی پیدا کرنا داغ ہی کا حصّہ ہے ــــ اچھا اب میں رخصت چاہتا ہوں ــــ نرائن صاحب میرے لائق کوئی خدمت ہو تو بلا تکلف ارشاد فرمایئے گا ــــ اور ہاں کشور صاحب آپ کی دوسری چیزیں اس پارسل میں موجود ہیں (تھوڑی دیر خاموشی) ــــ (پھر دروازہ بند کرنے کی آواز)

لاجونتی:۔ آپ نے یہ خط کس کو لکھا ہے؟

کشور:۔ نرائن ــــ بھاگ جانے نہ پائے۔

نرائن:۔ کون؟

کشور:۔ یہی چور اور کون ــــ وہ کس آرام سے آیا اور چلا بھی گیا ــــ تم نے اسے پکڑا بھی نہیں ــــ چلو ــــ چلو اسے پکڑ کر پولیس کے حوالے کردیں۔

لاجونتی:۔ آپ میری بات کا جواب دیجیے ــــ یہ آجکل شعروں بھرے خط کسے لکھے جارہے

ہیں کیا کوئی نئی بلا پالی ہے۔

کشور:۔ کون سے خط ——— چلو نرائن ——— چلو۔ ابھی وہ بیڈ روم ہی میں ہوگا۔

لاجونتی:۔ بات نہ ٹالئے ——— مجھے اس بات کا جواب دیجئے کہ آجکل خط کس کو لکھے جا رہے ہیں ——— رات گیارہ بجے تک آپ اپنے کمرے میں کیا کرتے رہے تھے۔

کشور:۔ جھک مار رہا تھا ——— ادھر چور ہاتھ سے نکلا جا رہا ہے اور ادھر اس نے اپنی تفتیش شروع کر دی ہے۔ چلو نرائن۔

نرائن:۔ اماں چھوڑو ——— آدمی دل کا اچھا ہے ——— جانے دو۔

لاجونتی:۔ میں کیا پوچھ رہی ہوں ———

کشور:۔ مجھے تو کچھ معلوم نہیں۔

لاجونتی:۔ میز کے دراز میں کس کے خط ہیں ——— اور وہ شعروں والا خط آپ نے کس کو لکھا ہے؟

کشور:۔ کون سے خط ——— کیسے شعر ——— وہ تمہیں بنا گیا ہے ——— یہ رچا بازی اور جا کے دیکھ لو ——— اس نے یہ شوشہ ہی اس لئے چھوڑا تھا کہ ہم لوگ اس بک بک میں پڑ جائیں اور وہ آرام سے چلا جاتے ——— اور تم نہیں اوّل درجے کے چغد ——— اس نے تمہارے افسانوں کی تعریف کر دی اور چلو تم خوش ہو گئے ——— اب اتنی دیر کے بعد اسے کس طرح پکڑا جا سکتا ہے ——— پنجے میں آ کر کس صفائی سے باہر نکل گیا۔

نرائن:۔ چلو اب چھوڑو اس قصے کو ——— لو سگرٹ پیو ——— ارے ——— میرا سگرٹ کیس کدھر گیا ——— میرا سگرٹ کیس ——— میرا سونے کا سگرٹ کیس ———

کشور:۔ (ہنستا ہے) ——— اُس نے اس کی تعریف جو کی تھی۔ (ہنستا ہے) پریشان کیوں ہوتے ہو۔ وہ تو تمہارے افسانوں کا مداح ہے۔ تمہیں ہندوستان کا سب سے بڑا افسانہ نگار مانتا ہے ——— ارے ——— کدھر چلے ———

نرائن:۔ مذاق نہ کر دکشور ——— میرا سگرٹ کیس بہت قیمتی تھا ——— میں دیکھتا ہوں۔ شاید وہ بازار میں مل جائے۔

کشور:۔ (ہنستا ہے)

<u>فیڈ آؤٹ</u>

آؤ ریڈیو سُنیں

لاجونتی:۔ (اشتیاق بھرے لہجے میں، اپنے پتی سے) آؤ ریڈیو سُنیں۔

کشور:۔ (خاموش رہتا ہے)

لاجونتی:۔ اجی او سُنتے ہو میں کیا کہہ رہی ہوں —— توبہ، تمہارا دماغ کیا ہے ریڈیو کا ڈبہ ہے جو ہر دوسرے تیسرے روز خراب ہو جاتا ہے۔ کچھ میں بھی تو سُنوں۔ جناب کا مزاج اس وقت کس بات پر بگڑ گیا، جو منہ سے ایک دو بول نکالنے بھی دشوار ہو رہے ہیں۔

کشور:۔ دفتر سے تھکا ماندہ آیا ہوں......

لاجونتی:۔ (بات کاٹ کر) اسی لئے تو کہتی ہوں آؤ ریڈیو سُنیں —— اختری کی غزل سُنیں گے، ہنگن پر کیسا پھبتی چلتی ہے۔ سُنو گے تو یہ سب تمہاری تھکن مٹ جائیگی۔

کشور:۔ جو دُھر پت آج بڑے صاحب سے سُن کے آیا ہوں وہی کافی ہے۔ اب مجھ سے کوئی اور راگ نہیں سُنا جاتا۔

لاجونتی:۔ سچ ہے بھلا یہ راگ تم سے کیوں سُنا جائیگا۔ تم ٹھہرے کوٹھوں پر مجرا سننے والے نرت بھاؤ کے گاہک، بھلا تمہیں کاٹھ کے ریڈیو سے کیا تسکین ہوگی ۔۔۔ کوئی طوائف سامنے تھرک رہی ہو، تمہیں طور یاں پیش کرے، ذرا کبھی تم سے ٹھنک ٹھنک کر باتیں کرتی جائے، کبھی مسکرا دے، کبھی بگڑ جائے تو تمہارے کانوں کے سب پردے کھُل جائیں۔

کشور:۔ میں کچھ نہ سمجھا تم کس دھن میں الاپ رہی ہو۔

لاجونتی:۔ یہ آپ نے نیا پلٹا لیا۔

کشور:۔ تمہاری طرح آڑی ترچھی تانیں لگانا مجھے نہیں آتا۔

لاجونتی:۔ یہ آپ کی چھیڑ نرالی ہے۔

کشور:۔ بن استھائی کے انترا شروع کر دیا؟

لاجونتی:۔ آپ کے بول ہی انوکھے ہیں۔

کشور:۔ اور جو تم نے اپنی راگنی میں بھدا میل لگایا ہے؟

لاجونتی:۔ آپ اپنے بن جوڑ کے ساگر کو بھول ہی گئے۔

کشور:۔ اب تم چاہتی ہو، کھینچ تان کے سپتک میں لے آؤ۔

لاجونتی:۔ آدر بڈیو سنیں سے میرا مطلب یہ تھا کہ گانا آتما کا من بھاتا بھوگ ہے۔

کشور:۔ گانا آتما کا من بھاتا بھوگ ضرور ہے، پر اگر گانے والے کے گلے میں سوز وگداز ہو۔ بے وقت کی ٹھناٹھن نہ ہو۔

لاجونتی:۔ پھر آپ آڑی ترچھی باتیں کرنے لگے۔

کشور:۔ تم نہیں آدمی کو گڑبڑ جھالے میں ڈال دیتی ہو۔

لاجونتی:۔ تار باجا اور راگ بوجھا ——— میں آپ کی ساری سائنس باز سمجھتی ہوں۔

کشور:۔ تم ابھی اس فن میں عطائی ہو۔

لاجونتی:۔ اور آپ ٹھیرے تان سین اور بجو بورے کے استاد۔

کشور:۔ تمہاری زبان مضراب کی طرح چلتی ہے، تم سے بھلا کوئی جیت سکتا ہے۔

لاجونتی:۔ آپ نے تو طبلے کا آنا کھار کھا ہے۔

کشور:۔ اب اس کا گزر کب ختم ہوگا۔

لاجونتی:۔ بس اب مونہا ٹھیٹی ہو چکی ——— چلو آؤ ریڈیو سنیں۔

کشور:۔ کون سا اسٹیشن سنوگی؟

لاجونتی:۔ دہلی۔

کشور:۔ نہیں لاہور۔

لاجونتی:۔ لاہور میں کیا رکھا ہے، دہلی سنو جو کچھ سمجھ میں بھی آئے۔ وہاں کوئی گا رہا ہوگا موئی پنجابی میں، جس کا سر نہ پیر۔

کشور:۔ تم کیا جانو پنجابی راگوں کو ——— اس اندھے میوزک ماسٹر سے ہارمونیم پر سارے گا ما سیکھ لیا اور تمہیں نے مجھ کو پریم سکھایا، ایک بار گا لیا تو لگیں بڑھ بڑھ کے باتیں کرنے۔ گویا ساری راگ ودیا تمہارے پیٹ میں ہے ——— چلو ہٹاؤ ——— لاہور سنیں گے۔ خانصاحب عاشق علیخاں گانے والے ہیں۔

لاجونتی:۔ اگر تمہیں اس موئے عاشق علیخاں کا گانا سننا ہے تو میں چلی، نہ بابا مجھ میں ہمت

نہیں ہے ایسے بھاری بھر کم گانے سُننے کی۔ توبہ کیا حال کرتے ہیں یہ خانصاحب
—— یہ بھلا کیا گانا ہُوا جو سُننے والے سمجھیں کوئی گھائل دم توڑتا ہے۔

کشورا۔ تمہیں تو بس سہگل کا گانا پسند ہے "بالم آتے بسو مورے من میں" —— جیسے ڈوبنے والے کے منہ میں پانی کبھی اندر جاتا ہے اور کبھی باہر آتا ہے —— توبہ کیسی مٹی پلید کی ہے اِن لوگوں نے راگ کی۔ جو اُستاد ہیں اُن کو کوئی پوچھتا ہی نہیں یہ
—— تم خاموش بیٹھی رہو۔ مجھے سُن لینے دو خانصاحب کا گانا۔

(ریڈیو کا بٹن دبانے کی آواز)

ریڈیو۔ یہ لاہور ہے۔ ابھی ابھی آپ خانصاحب عاشق علیخاں صاحب سے مالکونس کا خیال سُن رہے تھے، اب آپ کو بازار کے بھاؤ سنائے جائیں گے۔

توریہ حاضر —— ۴ روپے ۱۲ آنے —— تارمیرا —— ۳ روپے ۶ آنے۔ گڑ —— ۲ روپے ۸ آنے۔ شکر —— ۲ روپے ۱۴ آنے۔ گھی ۴۹ روپے ۸ آنے —— مرچ ڈنڈی وار —— ۱۱ روپے

کشورا۔ (ایکدم ریڈیو بند کرکے) دیکھا تمہاری بکواس نے ایسا اچھا پروگرام مس کرادیا۔ —— اب بیٹھ کے سُنو بازار کے کھلتے اور بند ہوتے ہوئے بھاؤ —— بس ذرا تم سے کسی نے بات کی اور تم ایک لمبی چوڑی کتھا لیکر بیٹھ گئیں چاہے نقصان ہی ہو جائے

لاجونتی۔ کوئی سمجھے کسی بیوپار میں بڑا گھاٹا بیٹھ گیا ہے، سونے سے بھرا ہوا جہاز ڈوب گیا ہے —— ایک معمولی راگ ہی تو تھا، سُنا سُنا نہ سُنا نہ سُنا۔ کون سی آفت آگئی ہے جو ایسا منہ بنا یا ہے آپ نے؟

کشورا۔ لاجونتی اب زیادہ باتیں نہ کرو۔ مجھے اس پروگرام کے چھوٹ جانے کا بہت افسوس ہے

لاجونتی:۔ گاڑی چھوٹنے پر بھی اتنا افسوس کیا کرو ــــــ میں تو جب بھی تمہارے ساتھ سفر پر نکلی، کبھی ایسا نہیں ہوا کہ ہم وقت پر اسٹیشن پر پہونچے ہوں۔ جب بھی گئے پلیٹ فارم خالی پایا اور ریڈیو کا پروگرام ہم نے کب وقت پر پکڑا ہے۔ تم سے ہزار بار کہا، انڈین لسنر اور ریلوے ٹائم ٹیبل لے آیا کرو، ان سے وقت معلوم ہو جاتے ہیں اور پریشانی کا سامنا نہیں کرنا پڑتا پر تم نے کسی کی سُنی ہو تو میری بھی سُنو۔ اگر اس وقت تمہارے پاس لسنر ہوتا تو یہ کوفت تو نہ اُٹھانا پڑتی ــــــ اب سوچنے کیا ہو ــــــ سوئیاں گھماتے جاؤ۔ کوئی نہ کوئی کام کی چیز نکل ہی آئے گی۔

(ریڈیو سیٹ کرنے کی آواز ــــــ کھرکھراہٹ)

لاجونتی:۔ بمبئی لگاؤ۔

ریڈیو:۔ یہ بمبئی ہے، ابھی آپ شری یُت دیش پانڈے سے مرہٹی زبان میں تقریر سُن رہے تھے، اب آپ کو مسٹر ایس، ایچ منٹو کا لکھا ہُوا ڈرامہ ریڈیو سُنایا جائیگا۔

لاجونتی:۔ لگائے رکھو، لگائے رکھو ــــــ ذرا سُنیں گے۔

ریڈیو:۔
- ا :۔ جی ہاں، میں ریڈیو بنانے کا کام کرتا ہوں، فرمایئے آپ کا ریڈیو کہاں کا بنا ہُوا ہے؟
- ب :۔ بریلی کا۔
- ا :۔ بریلی کا؟ ــــــ یعنی کیا؟ ــــــ آپ نے بریلی کہا تھا نا؟
- ب :۔ جی ہاں۔
- ا :۔ جہاں کے بانس بہت مشہور ہیں۔
- ب :۔ جی ہاں، اُسی بریلی کا۔

ریڈیو

ل :- کیا وہاں ریڈیو بنانے کا کوئی کارخانہ کھلا ہے..... یا ایریل لگانے میں جو بانس کام آتے ہیں اُس سے آپ نے یہ سمجھ لیا کہ......

ب :- دیکھئے آپ کو زیادہ تفصیل میں جانے کی ضرورت نہیں۔ بات یہ ہے کہ ایک روز میری وائف نے آپ کے پاس ریڈیو مرمت کے لئے بھیجا تھا آپ نے اُس کے تمام Atmospheries بند کر دیئے تھے۔ اب ہُوا یہ ہے کہ یہ تمام Atmospheries اس میں یعنی میری وائف میں پیدا ہو گئے ہیں۔ ریڈیو بغیر شور کے چلتا ہے مگر اُس کی زبان برابر شور مچاتی رہتی ہے۔ کیا آپ کوئی علاج بتا سکتے ہیں —— یعنی جس سے اُس کا شور بند ہو جائے۔

ل :- آپ کی بیوی کا میکر کیا ہے۔

ب :- بنی ہندوستان میں تھی پر چھاپ ولایت کا ہے۔

ل :- تو یوں کیجئے، کسی روز اُنہیں گھر کے نل کے ساتھ کس کر باندھ دیں میرا خیال ہے کہ ارتھ ہو جانے پر وہ بالکل ٹھیک ہو جائیں گی۔

(ریڈیو بند کرنے کی آواز)

کشور :- ارے یہ کیا؟ —— بند کیوں کر دیا، ذرا سُننے تو دو، کیا دلچسپ ڈرامہ تھا۔

لاجونتی :- بیہودہ، واہیات، نامعقول —— کوئی شرم حیا نہیں رہی ان مردُوں کو..... بیویوں کو تو بس کھلونا سمجھ لیا گیا ہے۔ فلموں میں ان کے ساتھ مذاق، ناولوں میں ان بیچاریوں کے ساتھ چھیڑ چھاڑ، نظموں میں ان کی مٹی پلید۔ اب یہ ریڈیو باقی رہ گیا تھا سو اس پر بھی اُن کو بُرا بھلا کہنا شروع کر دیا —— میرے بس میں ہو تو

ایسے تمام مردوں کی ایک گردن بنا کر پھانسی کے پھندے میں دے دوں۔

کشور:۔ لیکن ڈرامہ ہے بہت خوب ـــــ ذرا آگے سُنتے ہیں......

لاجونتی:۔ خبردار جو ایسا کیا ـــــ میں کہتی ہوں لڑائی ہو جائے گی ـــــ ہر وقت کا مذاق مجھے اچھا معلوم نہیں ہوتا۔

کشور:۔ کیا حرج ہے۔ اگر اُس میں کوئی ایسی ویسی بات ہوئی تو بند کر دیں گے۔ ریڈیو میں یہی تو ایک اچھی بات ہے کہ مرضی ہوئی سُنا، مرضی ہوئی نہ سُنا ـــــ یہ تم تھوڑی ہو جس کی ہر بات ہر حالت میں سُننا پڑتی ہے ـــــ تمہیں ڈرامہ پسند نہ آیا اور تُم نے جھٹ سے بولنے والوں کا گلا گھونٹ دیا۔ فرض کرو کسی روز مجھے تمہاری باتیں پسند نہ آئیں اور میں تمہارے منہ میں کپڑا ٹھونس دوں تو بتاؤ تمہیں کتنا غصہ آئے ـــــ لاؤ اب من جاؤ اور سننے دو یہ ڈرامہ۔

لاجونتی:۔ (غصے میں) خبردار... میں... میں...... (ریڈیو کھولنے کی آواز، کھڑکھڑاہٹ)

ریڈیو:۔ مندرجہ ذیل ریکارڈ پانچ چھ سیکنڈ تک بجایا جائے۔

پہلے بول:۔ میں تم سے ناہیں بولوں گی۔

کشور:۔ بلا سے ـــــ ناہیں بولوں گی، ناہیں بولوں گی ـــــ نہ بولو.... (ریڈیو کھولنے کی آواز)

ریڈیو:۔ (مندرجہ ذیل ریکارڈ پانچ سکنڈ تک بجایا جائے)

پہلے بول:۔ ان دنوں جوشِ جنوں ہے تیرے دیوانے کو

(ایک دم ریڈیو بند کرنے کی آواز)

لاجونتی:۔ (ریڈیو بند کردیتی ہے) اِن دنوں کیا ـــــ ایک زمانے سے آپکی دیوانگی زوروں پر ہے۔ وہ تو میں ہی ہوں جو یہ پاگل پن سہہ لیتی ہوں کوئی اور ہوتی تو جناب کوناکوں چنے چبوادیتی۔

کشور:۔ لاجونتی، میں تم سے ایک بات پُوچھوں؟

لاجونتی:۔ پُوچھو ـــــ پر یہ گھُور گھُور کے کیا دیکھتے ہو؟

کشور:۔ کیاتم نے سچ مچ لڑائی کی ٹھانی ہے ـــــ یعنی اگر تم لڑنا چاہتی ہو تو صاف صاف کیوں نہیں کہہ دیتیں۔

لاجونتی:۔ میرے سر سینگ تو نہیں جو لڑنا شروع کردوں۔

کشور:۔ سینگ میرے ہی سر پر ہیں۔ بیل، بھینسا، سانڈ، گینڈا، گدھا سبھی کچھ میں ہوں...

لاجونتی:۔ گدھے کے سر سینگ نہیں ہوتے۔

کشور:۔ بے وقوف تو ہوتا ہے ـــــ اور مجھ سے بڑھ کر اور کون بیوقوف ہوگا جس نے سب کچھ جانتے بُوجھتے یہ ریڈیو تمہیں خرید دیا ـــــ میں اگر دہلی کہوں، تم مدراس سُنو گی، میں اگر لاہور سُننا چاہوں تم کلکتہ سُننے پر اڑ جاؤ گی، میں پورب جاتا ہوں تم پچھم ـــــ میں کہتا ہوں رفیق غزنوی اچھا ہے تم کہتی ہو کے سی ڈے ـــــ اب بتاؤ میری تمہاری کیسے نبھ سکتی ہے۔

لاجونتی:۔ بڑے کوڑھ مغزے ہو ـــــ کیا گاتا ہے کے سی ڈے ـــــ کبھی سُنا بھی ہے اُس کا ریکارڈ ـــــ تیری گٹھڑی میں لاگا چور مسافر جاگ ذرا ـــــ اُف اُف، اس بڈھے کے گلے میں کیا چھت پھرت ہے، گلے میں کتنے برابر کے والے ہیں

——— آواز ہے، معلوم ہوتا ہے کوئل کوک رہی ہے۔

(ریڈیو کھولنے کی آواز)

ریڈیو:۔ کے سی ڈے کا یہ ریکارڈ لگایا جائے

پہلے بول:۔ بابا من کی آنکھیں کھول

یہ دُنیا ہے ایک تماشا۔ چار دنوں کی جھوٹی آشا

لاجونتی:۔ لو اتفاق دیکھو، اُسی کا ریکارڈ بجایا جا رہا ہے۔

ریڈیو:۔ بابا من کی آنکھیں کھول۔

کشور:۔ (ریڈیو بند کر کے) من کی آنکھیں کھول سُننے کے تو یہ معنی تھے کہ تمہارے من کی آنکھیں بھی کھل جائیں کُھلنی تو در کنار جو کچھ تھوڑی بہت نیم باز تھیں وہ بھی چٹم ہو گئیں۔

لاجونتی:۔ یعنی تو اس کا یہ مطلب ہوا کہ میرے دیدے چٹم ہو گئے ہیں۔ دیکھو! میں کہے دیتی ہوں۔ سب کچھ کہو، میرے دیدوں کو اگر کچھ کہا تو مجھ سے بُرا کوئی نہ ہوگا۔ دیدے چٹم ہوں میرے دشمن کے جو مجھے دیکھ نہ سکیں۔

کشور:۔ اور تم دیدہ دانستہ اچھے گانوں کو بُرا اور بُروں کو اچھا کہتی ہو۔ آنکھیں بند کر کے جو منہ میں آیا بک دیا۔

لاجونتی:۔ دیکھو مُنّے کے پتا، یہ پیپر ویٹ ایک ہی کھینچ کر ایسا لگاؤں گی کہ تمہارا ریڈیو سیٹ چکنا چُور ہو جائیگا۔ اس پیپر ویٹ کا وزن پکا دو سیر ہے سمجھ لو۔

کشور:۔ عقل کے ناخن لو۔ ابھی اپر دول پر لایا ہوں ———

پُورے چار سو ساٹھ بھر دینے ہوں گے۔

لاجونتی:۔ میری جُوتی سے بھرنے ہوں گے۔

کشور:۔ اب جوتی پیزار پر اتر آئیں۔

لاجونتی:۔ اُتر نہ آؤں۔ جیسا منہ ویسی بات۔

کشور:۔ تو میرا منہ تمہاری جوتی کے لائق ہے، کیوں؟

لاجونتی:۔ تم اپنے منہ سے کہہ رہے ہو۔ میرا تو یہ مطلب نہیں۔ میں تو کہتی ہوں تمکو روپے بھرنا پڑے تو میری پیزار سے، مجھے کیا۔

کشور:۔ پھر وہی، یہی پیپر ویٹ تمہارے منہ پر ایسا ماروں گا کہ سارے دانت حلق کے اندر ہوں گے۔

لاجونتی:۔ ہے ہے، اس موئے ریڈیو کے چلتے میرے دانت حلق کے اندر کئے جائیں گے۔ اِس ریڈیو کو آگ لگے۔ اس پر کڑکتی بجلی گرے، رکھے کا رکھا زمین میں سما جائے۔ اِس گھر میں اس کو پھر بجنا نصیب نہ ہو۔

(کھانسنے کی آواز ——— نرائن کی آمد)

کشور:۔ کون؟

نرائن:۔ میں ہوں نرائن۔

کشور:۔ آؤ، بیٹھو۔

نرائن:۔ (آہستہ سے، بھی ہوتی آواز میں، چُپ بھی کرو، آہستہ بولو، وہ آگیا ہے، باہر کھڑا ہے۔

لاجونتی:۔ کون؟

نرائن:۔ وہی۔

لاجونتی:۔ وہی کون؟

نرائن:۔ انسپکٹر ——— انسپکٹر ——— ریڈیو کا انسپکٹر۔

کشور:۔ تو کیا ہوا؟

نرائن:۔ معلوم ہوتا ہے، تم لوگوں نے لائسنس نہیں لیا ہے۔ اب ریڈیو بھی کاٹ دیا جائیگا اور پچاس روپے جرمانہ الگ بھرنا پڑے گا۔

کشور:۔ جس کے پاس لائسنس نہ ہو۔ لیکن ہمارے پاس تو ہے۔

نرائن:۔ کیا ہے؟ ——— خاک ہے تمہارے پاس....

کشور:۔ میں کہتا ہوں......

نرائن:۔ تم کچھ نہیں کہنے...... تمہارے پاس لائسنس نہیں ہے، مان لو نا...... نرے چغد ہو...... اتنی سیدھی سادی بات نہیں سمجھتے ——— ارے بھئی، جسے تم لائسنس سمجھتے ہو وہ ریڈیو کی رسید ہے، سمجھے... تو اب خاموش رہو

لاجونتی:۔ تو پھر کیا کرنا چاہیئے؟

نرائن:۔ دس روپے جلدی دیجئے تا کہ اُس کو کسی طرح راضی کیا جائے۔

لاجونتی:۔ یہ میری سمجھ میں نہیں آتا کہ ریڈیو کیا کوئی پستول ہے یا بندوق جو اُس کا لائسنس لیا جائے ——— واہ، یہ تو بڑا ظلم ہے۔

نرائن:۔ بھابی جان آپ بھی غضب کرتی ہیں، گورنمنٹ کے جو اس قدر ریڈیو اسٹیشن کی تعمیر وغیرہ پر روپے خرچ ہوئے اور بجلی جو اتنی صرف ہوتی ہے، یہ جو آپ کو ملک ملک کی خبریں سُنائی جاتی ہیں، یہ جو نئے نئے گویوں اور استادوں کے گانے آپ سُنتی ہیں، یہ کیا سب مفت میں ہو جاتا ہے۔ اس پر کیا آپکے خیال میں کچھ خرچ نہیں ہوتا ——— لاکھوں روپے خرچ ہوتے ہیں، لاکھوں روپے۔

لاجونتی:۔ یہ بات ہے تو ٹھیک ہے۔

نرائن:۔ تو اُٹھئے، جلدی دس روپے دلوائیے اور آپ اُٹھ کر ذرا چلی بھی جائیے، تا کہ انسپکٹر صاحب۔ کو معذرت وعذرت کرکے منا وناکر دس روپے دیدوں۔

لاجونتی:۔ اس مہینے کی تنخواہ میں سے ایک ہی نوٹ دس کا میں نے بچا کر رکھا تھا سو یوں غارت ہوا...... یہ لیجئے...... مگر انسپکٹر صاحب سے یہ ضرور کہئے گا۔ کہ اختری بائی فیض آبادی کو ہر روز گوایا کریں۔

نرائن:۔ بہت بہتر میں کہہ دونگا —— آپ دوسرے کمرے میں چلی جائیے۔

(تھوڑا وقفہ)

نرائن:۔ کہو، داد تو نہ دو گے۔

کشور:۔ بھئی واہ —— کمال کردیا۔ خوب کیا، بہت ہی خوب سوجھی۔ تم نے جو کنکھیوں سے اشارہ کیا تو میں فوراً سمجھ گیا کہ تم کوئی عیاری کرنے والے ہو۔

نرائن:۔ کس طرح بھابی کو ٹالا۔ سارا غصہ رفو چکر ہو گیا۔ ریڈیو بھی ٹوٹنے سے بچا اور دس روپے بھی اینٹھ لئے۔ سنا تم نے نیبٹڑ میں بہت ہی اچھا فلم آیا ہے۔ پانچ روپے تمہارے اور پانچ میرے۔ کچھ چو رنڈم خو رنڈم ہو اور تماشہ بھی دیکھیں۔

کشور:۔ بھئی خوب کہی، چلو ابھی چلتے ہیں (اُونچی آواز میں) لاجونتی، ہم دونوں ذرا انسپکٹر صاحب کے ساتھ باہر چلے ہیں، ابھی واپس آجائیں گے۔

<u>فیڈ آؤٹ</u>

آؤ بات تو سُنو!

(ٹائپ رائٹر پہ ٹائپ کرنے کی آواز سنائی دیتی ہے)

کشور:۔ ٹائپ کرتے ہوئے خط کے آخری الفاظ بولتا ہے:۔

Please Note. That The Payment OF Rs.24/8/- AND Not Rs. 49/4/- Will BE Made TO You in Due Course.

Yours Faithfully,

Copy to Accountant For Information

کشور:۔ ٹائپ رائٹر کی گرفت سے کاغذ آزاد کرتا ہے اور اطمینان کا سانس لیتا ہے) شکر ہے... یہ پہاڑ سا کام بھی آخر ختم ہو ہی گیا۔

لاجونتی:۔ (کشور کی بیوی) بڑا اُپکار کیا ہے مجھ پر! (زور سے رومال کیساتھ ناک صاف کرتی ہے)

کشور:۔ (انتجائیہ لہجے میں) لڑتی کیوں ہو بابا، لڑتی کیوں ہو ۔۔۔ دفتر کی مکھیوں سے ایک روز چھٹکارا ملتا ہے تو تم بھنبھنانا شروع کر دیتی ہو ۔۔۔ جینے بھی دو گی یا کہ نہیں۔ ...... دفتر کا تھوڑا سا کام باقی رہ گیا تھا، کیا ختم نہ کرتا؟

لاجونتی:۔ (ناک صاف کرنے کے بعد) دفتر کا تھوڑا سا کام باقی رہ گیا تھا ۔۔۔ یہ بہانے میرے ساتھ نہ چلیں گے جی...... اٹھوارے میں ایک دن اتوار کا ملتا ہے۔ کہ گھر والوں کا دو گھڑی جی بہلایا جائے اور تم ہو کہ اُس دن بھی یہ نگوڑی مشین لیکر بیٹھ جاتے ہو۔ سچ کہتی ہوں، کسی روز اس کو اُٹھا کر باہر پھینک دوں گی۔

کشور:۔ (مشین پر ڈھکنا رکھتا ہے) لاجونتی میں جانتا ہوں کہ پانچ سال دفتر میں Yours obediently اور Yours Faithfully ٹائپ کرتے کرتے میری مردانہ شجاعت بالکل سرد پڑ گئی ہے، پر میں تمہیں کہے دیتا ہوں کہ تم اس مشین کو ہاتھ نہ لگا سکو گی۔

لاجونتی:۔ (رونی صورت میں ناک صاف کرتے ہوئے) کیا میرا اتنا حق بھی نہیں رہا۔

کشور:۔ بڑی مصیبت تو یہ ہے کہ تم ذرا سی بات پر بھی آنسو بہانا شروع کر دیتی ہو..... ارے جیتی! تم ایک بار نہیں لاکھ بار اس کو ہاتھ لگا سکتی ہو۔ میں نے تو صرف یہ کہا تھا کہ تم اسے باہر نہیں پھینک سکتی ہو..... تم سے اتنی بھاری چیز اُٹھائی بھی جائے گی۔

لاجونتی:۔ مجھے زکام نے نڈھال کر دیا ہے، ورنہ ابھی تمہیں اپنی طاقت کا امتحان دے دیتی (ناک صاف کرتی ہے)

کشور:۔ ارے تمہیں تو زکام ہو رہا ہے؟

لاجونتی:۔ زکام، نزلہ، کھانسی، ——— آپ کے طفیل سبھی کچھ ہے

کشور:۔ یہ تو بُری بات ہے ——— کسی ڈاکٹر کو دکھا دینا چاہیئے...... میں جاتا ہوں، ڈاکٹر ہیم چندر کو بُلا لاتا ہوں......

لاجونتی:۔ کہاں بھاگ چلے...... آؤ بات تو سُنو!

کشور:۔ کہو۔

لاجونتی:۔ مجھے تمہارے ڈاکٹر واکٹر نہیں چاہئیں ——— میں دیسی دوا پیوں گی۔

کشور:۔ بولو کون سی دوا لاؤں۔

لاجونتی:۔ دو پیسے کا بنفشہ، ایک پیسے کے عناب، ایک پیسے کی الائچی، ایک پیسے کی دار چینی اور تھوڑا سا شہد خالص۔

کشور:۔ بس!

لاجونتی:۔ آؤ بات تو سُنو، تم تو بس بھاگے جا رہے ہو..... یہ تو دوا ہوئی، واپس آتے ہیں۔ کپڑے دھونے کا چھتری مارکہ صابن بھی لیتے آنا، تمہارے سب رومال میلے پڑے ہیں اور دیکھو اُسی دکان سے ایک آنے کا سوڈا بھی خرید لینا، ساتھ ہی اپنی گرم چادر بھی دھو ڈالوں گی۔

کشور:۔ بہت اچھا ——— تو میں چلا۔

لاجونتی:۔ ذرا ٹھیرو..... کھوپرے کے تیل کی ایک بوتل بھی لگے ہاتھوں لیتے آنا..... اور ہاں چائے بھی تو ختم ہو گئی ہے، لپٹن کی سبز لیبل والی چائے ضرور لے آنا..... اور ایک روپے کی دانے دار شکر۔

کشور:۔ کچھ اور بھی یاد کر لو۔

لاجونتی:۔ دیا سلائی کا ایک بنڈل...... اور کاسٹرائل کی ایک بوتل...... میں کہتی ہوں جلاب لے ہی لوں۔

کشور:۔ بس بس، اب میں چلا، اس اتوار کے لئے اتنی ہی چیزیں کافی ہیں۔

(دروازے کی طرف چلنے کی آواز سنائی دیتی ہے۔ دروازہ کھولا جاتا ہے اور بند کر دیا جاتا ہے)

کشور:۔ گوپو...... گوپو۔

(سیڑھیوں پر سے اترنے کی آواز سنائی دیتی ہے)

گوپال:۔ بھیا جی آپ نے بلایا ہے۔

کشور:۔ ہاں بھئی میں نے ہی بلایا ہے۔ ــــــ میں ذرا کام سے باہر جا رہا ہوں، اب تو کہیں کھیل کود میں نہ لگ جائیو، اسکول کا سارا کام میرے آنے تک ختم ہو جانا چاہیئے۔

گوپال:۔ وہ تو میں کر ہی رہا ہوں...... پر آپ باہر جا رہے ہیں نا؟

کشور:۔ ہاں، ہاں۔

گوپال:۔ تو جغرافیہ عالم حصہ اول آج آپ کو لانا ہی پڑیگا، اسکول میں تو سب لڑکوں نے خرید لیا ہے۔

کشور:۔ یقیناً آؤں گا ــــــ اب تو جا اور اپنا کام کر، شاباش۔

گوپال:۔ ایک رف کاپی دو دستے والی، دو پنسلیں، ریلیف کے تین نب اور ایک چپل دس نمبر کی...... ضرور لیتے آیئے گا۔

(سیڑھیوں پر چڑھنے کی آواز)

کشور:۔ (اپنے آپ سے) پر یہ ساری فہرست یاد کس کو رہے گی؟

(کشور کا باپ کھانستا ہوا آتا ہے)

کشور کا باپ:۔ کشور، تو یہاں کھڑا کیا سوچ رہا ہے؟

کشور:۔ کچھ نہیں پتاجی، بازار سے کچھ چیزیں لانا ہیں، سوچ رہا تھا کوئی شے بھول نہ جاؤں۔

کشور کا باپ:۔ بھاگے کیوں جا رہے ہو، ——— اِدھر آؤ، بات تو سُنو...... یہ جو تم ہر روز لوکا سا کھاتے ہو یہ کس مرض کی دوا ہے، اس عمر میں تمہارا حافظہ اس قدر کمزور ہو گیا ہے۔ جب میری عمر کو پہونچو گے تو جانے کیا حال ہوگا تمہارا (کھانستا ہے) اگر یہی بات ہے تو نوٹ بک میں لکھ لیا کرو.... تمہیں یاد رہے نہ رہے..... مشکل سا نام ہے اِسے لکھ ہی لو تو اچھا ہے..........
سِرپ منے ڈکس .... بڑا اچھا ٹانک ہے.........اور ایک سیر تمبا کو خمیرہ.......اور میرے کالے شو کے تسمے.....اور......اور ......بس یہی تین چیزیں، پر یاد سے لیتے آنا۔

کشور:۔ کوئی اور چیز؟

کشور کا باپ:۔ ارے ہاں...... دو آنے کا پوست اور دانتوں کیلئے منجن.... بس

(کھانستا ہوا چلا جاتا ہے)

کشور:۔ کشور، اب تو یہاں سے بھاگ.....کوئی اور مصیبت نہ آجائے۔

(فرش پر کشور کے چلنے کی آواز...... دروازہ کھولا جاتا ہے، پھر بند کیا جاتا ہے)

کشور:۔ (اطمینان کا سانس لیکر) شکر ہے......گھر سے باہر تو نکل آیا۔

(دروازہ کھلنے کی آواز)

پڑوسن:۔ میں کہہ رہی تھی یہ کشور بابو کی آواز ہے، پر میری کملا مانتی ہی نہ تھی.... ہاں تو کشور بابو، آپ کے بھیا آج بیمار ہیں اور سنتو دو دن کی چھٹی لے کر اپنے گاؤں چلا گیا ہے، میں پرسوں اُن سے کہہ بھی رہی تھی کہ گھر میں آٹا دو وقت کے لئے بھی پورا نہ ہوگا، پر اُنہوں نے ایک نہ سُنی...... اب دیکھئے، ہاتھ پر ہاتھ دھرے بیٹھی ہوں...... بھاجی، ترکاری سب تیار ہے اور روٹیاں پکانے کے لئے آٹا ہی نہیں...... آپ باہر جا رہے ہیں نا؟......

کشور:۔ (تھکے ہوئے لہجے میں) باہر ہی جا رہا ہوں۔

پڑوسن:۔ تو پھر کوئی تکلیف کی بات نہیں...... اور ہمسایوں کا کام تو ویسے بھی خوشی سے کرنا چاہیئے...... یہ سولہ روپے ہیں۔

(روپوں کی کھنکھناہٹ)

پڑوسن:۔ اور یہ ایک آنہ...... پندرہ روپے میں ایک بوری آٹے کی اور ایک آنہ اُس کی اُٹھوائی...... ایک روپے کے چاول...... میں اب چلتی ہوں...... چولھے پر دودھ دھرا ہے، کہیں اُبل نہ جائے۔

(دروازہ بند کرنے کی آواز)

کشور:۔ کوئی باقی رہ گیا ہے اور جسے کچھ منگوانا ہو.... میں جا رہا ہوں (بلند آواز میں)

(دروازہ کھلنے کی آواز)

وہی پڑوسن:۔ میں سمجھ رہی تھی کہ آپ چلے گئے ہوں گے...... جب میں اندر گئی تو یاد آیا کہ آپ کے بھائی صاحب کے لئے دوا منگانی ہے...... یہ لیجئے نسخہ...... اور یہ ایک روپیہ......

(دروازہ بند کرنے کی آواز)

چار گھنٹے کے بعد

(دروازہ کھلنے کی آواز)

نراتن:۔ کشور تم ہو...... آؤ بھئی آؤ...... کیسے آنا ہوا؟..... ارے..... یہ کیا؟

......کوئی شادی بیاہ رچایا ہے جو اس طرح لدے پھندے آرہے ہو۔

کشور:۔ (ہانپتے ہوئے) میں ایک ضروری کام سے آیا ہوں۔

نراتن:۔ کہو، کہو کیا کام ہے...... پر تم کچھ تھکے تھکے دکھائی دیتے ہو۔

کشور:۔ تمہارے پاس چوہے مارنے والی گولیاں ہیں کیا؟

نراتن:۔ ہیں!

کشور:۔ مجھے تین چار لادو، پر اتنی بڑی نہ ہوں جو حلق سے نیچے نہ اتریں۔

نراتن:۔ (حیرت میں) کیا کہا؟

کشور:۔ (چڑ کر) میں کیا کہوں گا؟.... کیا میں کچھ کہنے کے قابل رہا ہوں.... میں تو بوجھ اٹھانے والا خچر ہوں..... گدھا ہوں..... کچھ بھی نہیں ہوں..... پینے کے لئے تھوڑا سا پانی..... میرا حلق سوکھ گیا ہے نراتن..... اُف، اُف ......کیا زندگی ہے..... پرماتما کے لئے مجھے چوہے مارنے کی تین چار گولیاں لادو...... میں جانا چاہتا ہوں۔

نراتن:۔ کشور، کشور..... تمہیں کیا ہو گیا ہے...... پارسلوں اور پڑیوں کا یہ بوجھ تو ہلکا کرو...... کرسی پہ ذرا بیٹھ کے دم تو لے لو۔

کشور:۔تم مجھے گولیاں لادو...... پرماتما کے لئے تم مجھے گولیاں لادو، اور ایک گلاس پانی۔

نرائن:۔تم یہ کیا کہہ رہے ہو کشور؟

کشور:۔اگر تم نہیں لادو گے، تو میں بازار سے لے لونگا...... کوئی اور دوست مجھ پر یہ مہربانی کر دے گا...... نرائن، کسی نہ کسی طرح میرا خاتمہ ضرور ہو جانا چاہیئے۔

نرائن:۔ہولے ہولے بات کرو کشور...... کہیں میری وائف نہ سن لے۔

کشور:۔تمہاری وائف سن لے، میری اپنی وائف سن لے...... ساری دنیا کی وائفیں سن لیں...... مجھے تم گولیاں دے دو۔

نرائن:۔میری سمجھ میں نہیں آتا کہ تمہیں کیا ہو گیا ہے۔

کشور:۔کیا ہو گیا ہے؟...... تم...... تم...... نرائن تم مجھ سے پوچھ رہے ہو کہ مجھے کیا ہو گیا ہے...... کیا مجھے کچھ نہیں ہوا...... کیا میرے ساتھ ابھی کچھ اور ہو گا...... میرا سانس پھول رہا ہے، کاندھے شل ہو گئے ہیں۔ دماغ کے پرزے اڑ گئے ہیں۔ اور تم کہتے ہو کہ مجھے کیا ہو گیا ہے...... دفتر میں چھ دن مکھیوں کی بھنبھناہٹ۔ ٹائپ رائٹروں کی مسلسل آواز، یہ کرو، وہ نہ کرو کی رٹ، اور اتوار کو یہ مصیبت...... بیوی کو زکام ہو گیا ہے، بھائی کا جوتا پھٹ گیا ہے، غسلخانے کا پلستر اکھڑ گیا ہے، اور رزمی نے بیوی کی چولی سینے پر ڈھیلی اور کاندھوں پر چست بنائی ہے اس کے کان کھینچوں، یا پڑوسن کے لئے آٹے کی بوری لاؤں...... یہ دیکھو...... اس پڑیا میں بنفشہ، عناب، الائچی، دار چینی اور نہ جانے کیا کیا بلا بندھی ہے...... یہ سودا...... یہ دس نمبر کی چپل...... اور یہ...... اور یہ......

وتل کے تیل کا ایک کھوپڑا...... نہیں...... نیلی کی کھوپری کی ایک بوتل۔
.... دیکھ لو، دیکھ لو...... دماغ کتنا پریشان ہے...... یہ، یہ......
ہاں، ہاں، کھوپرے کے تیل کی ایک بوتل...... اور یہ رف کاپی دو دستے والی
...... سرپ مینے ڈکس،...... جغرافیہ اوّل حصہ عالم ...... پنسلیں۔
...... کاسٹر آئیل کی ایک بوتل...... دیا سلائی کا ایک بنڈل.... کالے
شو کے تسمے، لپٹن کی سبز لیبل والی پڑیا، شکر اور یہ کپڑے دھونے کا صابن مارکہ
چھتری، نہیں..... صابن دھونے کا چھتری مارکہ کپڑا...... لعنت، جو کچھ بھی
ہے........ اور باہر مزدور کھڑا ہے، اُس کے سر پر آٹے کی بوری اور ایک
روپے کے چاول...... بتاؤ، پرماتما کے لئے بتاؤ...... کیا میں ہمدردی کا
مستحق نہیں، کیا مجھے چوہے مارنے والی گولیاں نہیں کھانا چاہئیں۔

نرائن:۔ ٹھیرو، ٹھیرو، مجھے سوچنے تو دو...... مجھے سوچنے تو دو...... تمہیں
چوہے مارنے والی گولیاں چاہئیں نا؟..... پر میں یہ کیسے دے سکتا ہوں..
...... شاید آئندہ اتوار مجھے ہی ان کی ضرورت ہو...... وہ بھی تو شاپنگ
کا ارادہ کر رہی ہیں۔

کشور:۔ تم میری مدد نہیں کر سکتے تو پرماتما کے لئے ہمدردی کا اظہار ہی کر دو......
یا کیا میں اِس کے لائق نہیں؟

نرائن:۔ مجھے تم سے پوری ہمدردی ہے۔

کشور:۔ کیا تمہیں یقین ہے کہ تم سچ کہہ رہے ہو......

نرائن:۔ ہاں، ہاں کیوں نہیں۔

کشور:۔ نہیں نہیں، تمہیں میرے ساتھ ہمدردی ہونی چاہیئے ......اچھا، اچھا.....
میں اب رخصت چاہتا ہوں، مجھے دانتوں کا منجن اور پوسٹ خریدنا ہے۔

نرائن:۔ تم اب سیدھے گھر جاؤ گے نا ؟

کشور:۔ ہاں، سیدھا گھر ہی جاؤں گا۔

نرائن:۔ یہ بھی اچھا ہوا...... میں سوچ ہی رہا تھا کہ یہ کیسے ہو سکے گا.....خیر !....
مسٹر کانشی رام کو تم اچھی طرح پہچانتے ہو نا ؟

کشور:۔ ہاں، ہاں۔

نرائن:۔ اُن سے میرا پرنام کہنا۔

کشور:۔ کہہ دوں گا۔

نرائن:۔ ارے بھئی بھاگ کہاں چلے.... ادھر آؤ، بات تو سُنو۔

کشور:۔ .....کیا ہے ؟

نرائن:۔ اور.....

کشور:۔ اور......

نرائن:۔ یہ طوطا بلجیم کا ہے.... اسے گُنگو کہتے ہیں، بہت جلد باتیں سیکھ لیتا ہے اسی لئے تمہاری بھابی اسے پسند نہیں کرتی۔ ایک روز بھولے سے میں نے اُسے نالائق کہہ دیا، اب یہ نالائق ہر روز اُسے "نالائق" کہتا رہتا ہے.... اب جھگڑا اس بات کا ہے کہ یا تو میں اس طوطے کو رکھوں یا اُس کو۔

کشور:۔ بات معقول ہے۔

نرائن:۔ میں یہ چاہتا ہوں کہ اسے گھر میں نہ رکھوں...... تمہیں تکلیف تو ہوگی ....

اس پنجرے کو انگلی سے لٹکا کے لے جاؤ اور مسٹر کانشی رام کے گھر پہنچا دو......

اور......

کشور:- اور.....؟

نرائن:- اور یہ اوورکوٹ جو انہوں نے منگا بھیجا تھا

کشور:- اور نیل کا وہ کنستر جو تم اُن سے مانگ کر لے آئے تھے۔

نرائن:- وہ کون سا؟

کشور:- اور سویاں بنانے کی وہ مشین جو تمہیں مرمت کے لئے مستری کے پاس بھیجا تھی۔

نرائن:- میرے پاس تو کوئی ایسی مشین نہیں..... میں ابھی تک سنگر مشین ہی کی قسطیں ادا نہیں کر سکا۔

کشور:- اور وہ اسباب جو میرے کاندھوں پر لدا کے اسٹیشن بھیجنا تھا۔

نرائن:- کون سا اسباب؟...... پر تم میری طرف یوں گھور گھور کے کیوں دیکھ رہے ہو۔

کشور:- کہاں ہے طوطے کا پنجرہ...... لاؤ، لاؤ ادھر...... کہاں ہے اوورکوٹ

...... میں طوطے کو کچا چبا جاؤں گا...... اور اوورکوٹ کی صدری بنا دوں گا...

...... (ہنستا ہے۔ زور زور سے ہنستا ہے) میں تمہاری طرف گھور گھور کے کیوں دیکھ رہا ہوں؟..... (ہنستا ہے) بول میاں مٹھو،... کھوپرے کے تیل کی ایک چھٹانک..... کاسٹر آئیل حصہ اول...... کالے شو کا ایک شہد...... رفت کاپی کی دو پنسلیں...... بول میاں مٹھو اتوار کی جے! (ہنستا ہے)

فیڈ آؤٹ

(ماخوذ)

آؤ بحث کریں

لاجونتی :۔ (اشتیاق بھرے لہجے میں، اپنے پتی سے) آؤ بحث کریں۔

کشور :۔ بحث کریں —— کس سے بحث کریں؟

لاجونتی :۔ تم تو یوں بات کر رہے ہو گویا بحث کو جانتے ہی نہیں —— ساری عمر گذر گئی تمہاری بحث کرتے کرتے اور آج کتنے انجان بن رہے ہو۔ ننھے نادان، روٹی کو ٹوٹی اور پانی کو مما کہتے ہیں بیچارے، جیسے کچھ جانتے ہی نہیں۔ یوں ہی بیٹھے بیٹھے جی میں آئی کہ بحث کریں۔ ذرا دل بہل جائیگا۔ اور تم نے چلانا شروع کر دیا۔ (بگڑ کر) آج تک تم نے سیدھے منہ بات بھی کی ہے۔

کشور :۔ ارے بھئی کوئی کام کی بات کہی ہوتی۔ یہ کیا؟ —— آؤ بحث کریں —— آؤ بحث کریں، کیا اس الیکشن میں میونسپل کمشنر بھرتی ہونے کا خیال ہے۔ یا کسی

اخبار کا ایڈیٹر بننے کا ارادہ کر رہی ہو۔

لاجونتی:۔ پرماتما کی کرپا سے اخبار تو ہر روز ہمارے گھر سے نکلتا ہے۔ صبح چائے پی کر جب باہر نکلتے ہو تو محلے کے سب لوگوں کو اپنے گھر کی خبریں سناتے ہو —— لاج تو نہ آتی ہوگی تمہیں۔ ابھی اُس کلموہے بھگوانداس کو سنا رہے تھے کہ میں نے تمہاری پتلون پہن کر فوٹو اُتروایا۔

کشور:۔ مجھ سے قسم لے لو جو میں نے کہا ہو...... وہ تو باتوں باتوں میں میں نے اُس سے صرف اس قدر کہا تھا کہ عورتیں اگر پتلون پہنیں تو کیا ہرج ہے —— کیا ہرج ہے؟ ...... اور اگر وہ نہ پہنیں تو بھی کوئی ہرج نہیں —— تمہارے دل میں تو میری طرف سے چور بیٹھ گیا ہے۔ پتہ کھڑکا اور بندہ بھڑکا۔

لاجونتی:۔ چور بیٹھ گیا ہے...... اور اگر کل میں اپنی کسی سہیلی سے کہہ دوں کہ پچھلے ہفتے میں نے تمہیں اپنے کپڑے پہنا کر سارا دن گھر کے کام کاج پر لگانے رکھا تھا، تو؟

کشور:۔ پرماتما کے لئے یہ بات اپنے دل ہی میں رکھنا —— غصے کو تھوک دو میری جان تم تو ناحق بات بات پر بگڑ جاتی ہو —— ذرا سوچو تو: ایسی باتیں بھلا غیروں سے کی جاتی ہیں —— اس وقت بھی کوئی سن لے تو کیا کہے...... چھی چھی چھی ...... گھر میں ایسے کئی چہل تماشے ہوتے ہیں، پر دوسروں سے اُن کا ذکر تھوڑی کیا جاتا ہے...... لاجونتی آج تمہیں کیا ہو گیا ہے؟

لاجونتی:۔ میرا جی آج بحث کرنے کو چاہتا ہے۔

کشور:۔ ابھی دھوبی آیا تھا۔ اس سے کیوں نہ شروع کر دی۔

لاجونتی:۔ بحث وہاں شروع ہو سکتی ہے جہاں کوئی نہ مانے —— میں نے جب اس سے کہا کہ ریشمیں کپڑوں کو کلف لگانا چاہیئے۔ تو اس نے جھٹ سے مان لیا۔" جی ہاں سرکار ضرور لگانی چاہیئے —— اب بتاؤ ایسے لوگوں سے کیا خاک بحث ہو سکتی ہے جو بات کی وہیں گردن دبا دیں۔

کشور:۔ صاف بتاؤ کہ اب تم کیا چاہتی ہو؟

لاجونتی:۔ بحث کرو، خدا اگر گرما گرم باتیں ہوں۔ تم اپنے دل کی بھڑاس نکالو۔ میں اپنا جی ہلکا کروں —— کیا تم اس ٹھہرے پانی ایسی زندگی سے تنگ نہیں آتے ؎

ایک ہنگامے پہ موقوف ہے گھر کی رونق
نغمہ شادی نہ سہی نوحہ غم ہی سہی

کشور:۔ اگر گھر کی رونق ہنگامے ہی پر موقوف ہے تو آؤ تم میرے بال نوچو۔ میں تمہارا منہ نوچوں۔ دونوں چیخیں، چلائیں، اودھم مچا کر سارا گھر سر پر اٹھا لیں۔ فرنیچر کے پرزے اڑا ڈالیں، سارے برتن توڑ ڈالیں —— عجیب منطق ہے۔ نہ جانے تم نے کس بیوقوف کا شعر یاد کر لیا ہے، اور پھر اس گھر میں ہنگامے کی ضرورت ہی کیا ہے جہاں تم جیسی دھرتی دھمک موجود ہو۔ سدا بھونچال رہتا ہو۔

(نرائن کی آمد)

نرائن:۔ دکھائی دیتا ہے، بھونچال کی بات ہو رہی ہے —— ہوں، بھونچال کی —— پر تم کیا سمجھ سکو گے کشور کہ یہ بھونچال کیا ہوتا ہے۔ تمہیں سائنس سے کیا واسطہ۔

کشور:۔ جس مرد کو لاجونتی جیسی بیوی مل جائے اُسے سائنس وائنس پڑھنے کی کیا ضرورت ہے۔ اس کے تو گھر ہی میں Laboratory اور Observatory

کھل جاتی ہے..... تم اب مجھے کیا کوئی نئی سائنس پڑھانا چاہتے ہو.....
ابھی تک تو میرا ایک ہی کورس ختم ہونے میں نہیں آتا۔

لاجونتی:۔ کورس ختم ہونے میں نہیں آتا—— کورس ختم ہونے میں نہیں آتا——
کورس میں، ہوں کہ تم...... اور یہ جو تم نے ایک نیا قاعدہ پیدا کیا ہے۔ وہ تم سے کیا کم ہے۔ ابھی سے آسمان کے تارے توڑتا ہے—— خدا نگشتانہ بھر کا، زبان سکندری گز—— آخر تمہارا ہی بیٹا ہے نا؟—— ذرا بڑا ہولے پھر دیکھنا کیا کیا گل کھلاتا ہے۔

نرائن:۔ شانتی..... شانتی!—— بھئی یہ کیا قصہ ہے۔ بات بھونچال کی ہو رہی تھی اور بیچ میں یہ کورس اور قاعدے کیا آ گئے اور پھر یہ بیٹے کے طعنے کیوں؟——
بیٹا جیسا آپ کا ہے ویسا ان کا بھی ہے۔

لاجونتی:۔ وہ کیسے؟ بیٹا ان کا ہے۔ باپ پوت پرا پت گھوڑا اس کی دیس ہے——
بیٹی ہوتی تو البتہ میری تھی۔

کشور:۔ نرائن تم خاموش بیٹھے رہو ناحق دماغ خالی کر دو گے۔ یہ آج اسی قسم کی اُدٹ پٹانگ باتیں کر رہی ہے۔ ابھی کہہ رہی تھی میرے ساتھ بحث کرو (ہنستا ہے)

نرائن:۔ تو اس میں ہنسنے کی کونسی بات ہے—— بحث مباحثے میں تمہارے ہی پلے کچھ پڑ جاتا۔ کچھ سیکھ لیتے۔ بات کرنے کی تمیز آ جاتی—— پر تمھیں ان چیزوں کی کیا قدر ہو سکتی ہے، ہونا آخر لوہے کی مشین پر انگلیاں چلانے والے...
ہاں تو بھابی جان کیا کہہ رہی تھیں آپ؟—— بیٹا اس کا اور بیٹی آپ کی؟——
یہی کہا تھا نا آپ نے؟

لاجونتی:۔ جی ہاں، یہی کہا تھا، بیٹا باپ کا اور بیٹی ماں کی۔

نرائن:۔ گو مجھے ایسے سوال پوچھنے کا کوئی ادھیکار نہیں۔ لیکن کیا پوچھ سکتا ہوں کہ بیٹا اس کا کیوں ہوا اور بیٹی آپ کی کیوں ہوئی ——— میری وائف تو کہا کرتی ہے کہ بیٹا اور بیٹی دونوں میرے ہیں ——— میں یہ معلوم کرنا چاہتا ہوں کہ یہ دونوں غلطیاں میری ہیں یا اس کی۔ اور اگر دونوں میری نہیں ہیں تو ان میں سے کون سی اس کی ہے اور کون سی میری؟

لاجونتی:۔ میں سلیٹ پنسل لیکر حساب کا سوال نکالنے نہیں بیٹھی ——— آپ کو اگر پوچھنا ہو تو سیدھے سادے لفظوں میں پوچھئے۔

نرائن:۔ میں آپ سے صرف یہ پوچھنا چاہتا ہوں کہ عام طور پر عورتیں، میری بیوی کو علیحدہ کرتے ہوئے۔ اپنے شوہروں سے کیوں کہا کرتی ہیں: "تمہارے بیٹے نے تو ناک میں دم کر رکھا ہے" اور جب بیٹی کا ذکر آجائے تو یہ کہا کرتی ہیں "میری بیٹی دیوی ہے۔ دیوی، پرماتما کل جہان کو ایسی بیٹیاں دے" ——— میں صرف تمہارے بیٹے اور میری بیٹی کے درمیان جو فرق ہے معلوم کرنا چاہتا ہوں تاکہ دوسروں کا بھلا ہو۔

کشور:۔ یہ جو فیصلہ کرے گی۔ اس سے ممکن ہے دوسروں کا بھلا ہو جائے۔ پر میرے لئے نیا آرڈی نینس ضرور جاری ہو جائے گا ——— تم جانے دو ماں اس بحث کو۔ کیوں میرے لئے ایک نیا قانون پاس کرا رہے ہو۔ کیا اس سے پہلے کم تھے۔

نرائن:۔ یہ ایک بہت بڑی پرابلم ہے کشور، تم نہیں سمجھتے کہ اس کا حل ہونا کتنا ضروری ہے ہندوستان کو سوراج مل جائے۔ ساری دنیا آزاد ہو جائے۔ پر یہ سوال ہمیشہ حل طلب رہے گا ——— تم غور سے سنتے جاؤ۔ شاید اس گتھی کے سلجھانے کا سہرا ہمارے ہی

سر بند ہے۔

کشور:۔ ایک بار سہرا بند ھا اور تو عمر بھر غلامی کا طوق گلے میں ڈال لیا۔ اب دوسرا سہرا تم کو کسنا بندھوا رہے ہو — کرپا کرو مجھ پر۔ میں بھر پایا۔

نرائن:۔ بھئی تم خاموش رہونا تھوڑی دیر کے لئے۔ کیوں بیچ میں بول رہے ہو — ہاں تو بھابی جان آپ اپنے خیالات کا اظہار فرمایئے۔

لاجونتی:۔ جو کچھ آپ پوچھ رہے ہیں میں ابھی نہیں بتاؤں گی — پہلے میں آپ سے ایک سوال کرنا چاہتی ہوں۔

نرائن:۔ بڑے شوق سے

لاجونتی:۔ مرد عورت سے شادی کرتا ہے۔ یا عورت مرد سے شادی کرتی ہے؟

نرائن:۔ (سوچتے ہوئے) مرد، عورت سے شادی کرتی ہے۔ یا عورت مرد سے شادی کرتا ہے۔ نہیں نہیں — مرد، عورت سے شادی کرتا ہے یا شادی، مرد سے عورت کرتی ہے.......

کشور:۔ سچی بات تمہارے منہ سے اپنے آپ نکل گئی۔ اس میں کوئی شک نہیں — شادی مرد سے عورت کرتی ہے۔ میری طرف دیکھو اچھا بھلا مرد عورتوں سے بدتر ہو گیا ہوں

نرائن:۔ دیکھئے بھابی جان...... میں نے شادی کے اس مسئلے پر بہت غور کیا ہے بہت غور کیا ہے اور اس نتیجے پر پہنچا ہوں...... کہ...... کہ تالی دونوں ہاتھوں سے بجتی ہے۔ مرد عورت سے شادی کرے، یا عورت مرد سے شادی کرے۔ یوں سمجھئے کہ بس شادی ہو جاتی ہے اور شادی بہر حال شادی ہے۔ اب صرف معلوم کرنا باقی رہ جاتا ہے کہ ہم شادی کیوں کرتے ہیں تو اس کے متعلق مشہور رُدسی آ غسر

چیخوف نے لکھا ہے People Marry When They Don't know wat To do With Themselues یہ کہ عورتیں اور مرد اس وقت شادی کرتے ہیں جب انہیں یہ معلوم نہیں ہوتا کہ وہ اپنے آپ کا کیا کریں۔

لاجونتی:۔ دوسرے لفظوں میں اس وقت دونوں عقل سے خالی ہوتے ہیں، بیوقوف ہوتے ہیں؟

نرائن:۔ لفظ وہی رہنے دیجئے تو کیا ہرج ہے؟

لاجونتی:۔ پر اس سے مطلب تو نہ بدلے گا۔ آپ نے گول مول لفظوں میں مجھ سے یہی کہنا چاہا ہے کہ جب عورتیں مردوں سے شادی کرتی ہیں تو وہ پہلے درجے کی بیوقوف ہوتی ہیں۔ تو اس میں شک ہی کیا ہے؟ اس سے بڑھ کر اور کیا بے وقوفی ہو سکتی ہے کہ دیکھ بھال کے سمجھ بوجھ کے اپنی آزاد جان کو قید میں ڈال دیتی ہیں۔ پتی کا گھر دوسرے لفظوں میں قید خانہ ہے جس میں عمر قید کی سزا بھگتنا پڑتی ہے۔

کشور:۔ پتی کا گھر قید خانہ ہی سہی اور یہ عورتیں بھی تو اس قید خانے کا داروغہ بن کر آتی ہیں جب دیکھو کندھے پر بندوق لئے کھڑی ہیں۔ شادی کے بعد مرد کسی عورت سے ہنس کر بات تو کر لے، تو بہ صاحب قیامت برپا ہو جائے۔

لاجونتی: کہاں کی بات کہاں لگائی۔ سنئیے نرائن صاحب، ذرا عورتوں کا حال بھی سنئیے۔ صبح اٹھتے ہی پتی صاحب شروع کرتے ہیں " پہر دن چڑھ آیا ہے اور آپ دیوی جی پڑی سو رہی ہیں۔ بھلا جب میں ناشتہ نو بجے کروں گا تو کھانا کس وقت کھاؤں گا اور مجھے ٹھیک دس بجے دفتر چلے جانا ہے" ——— چاہے عورت کوئی دکھ درد ہی رکھتی ہو۔

کشور:- سُنو، سُنو، نراتن، اب ہمارا حال سُنو۔ اگر بیچارہ پتی رات کو ذرا دیر سے آیا۔ تو آؤ تو جاؤ کہاں۔ بس دیوی جی شروع ہو گئیں۔"اے گئے ہوں گے اپنی ماسی کے یہاں کہیں ناچ رنگ کی محفل ہو گی۔ کوئی مل گئی ہو گی ایسی ویسی۔ اے میں بھی تو سُنوں۔ وہ موئی لگاتہ ہے کون؟

لاجونتی:- (بات کاٹ کر) اب دفتر جاتے وقت کھانا لیجا کر سامنے رکھا تو پتی صاحب کے منہ سے پھول جھڑنے لگے۔" روٹیاں کچی رہ گئی ہیں۔ سینکی نہیں گئیں۔ جلدی جلدی دس بجے اٹھ کر ویلے تھاپ دیتے ہیں۔ بھاجی میں نمک پھیکا ہے۔ سالن میں نمک زہر کر دیا ہے۔ پانی میں برف نہیں ڈالی۔ کھانا کیا پکایا گیا ہے۔ سر کی بلا ٹال دی گئی ہے جب ہی تو میرا معدہ خراب ہے۔ جب ہی تو مجھے اس کا نے ڈاکٹر کو فیس ادا کرنی پڑتی ہے"

کشور:- سُنو نراتن۔ اگر شامتِ اعمال اس کا نے ڈاکٹر کو پانچ روپے فیس کے دے دیئے تو اس نے گھر سر پر اُٹھا لیا۔" یہ آپ کی تنخواہ میں پانچ روپے کیوں کم ہیں؟ —— کیا کوئی نئی بلا پالی ہے۔ میرے بچوں کا صبر پڑے اُس چڈو پر۔ ہو گی کوئی گرہ کٹ موئی۔ پہلی کی تو پوری پڑتی نہیں جو سہرے جلوے کی ہے۔ مہاشے جی باہر ہی باہر گلچھرّے اڑانے لگے ہیں

لاجونتی:- اب پتی جی کے دفتر جانے کا وقت آیا تو کپڑے بدلتے وقت شروع ہوئے "میں تو سرائے میں رہتا ہوں گھر تھوڑے ہی ہے۔ زندگی کے دن گذار رہا ہوں قمیص میں ایک بٹن ندارد ہے۔ پتلون کا بکلس کب سے غائب ہے۔ کسی کو کیا پروا کالر سب میلے پڑے ہیں۔ جب تک ایک ہی دھو کر استری کر دی ہوتی۔ کوئی ہاتھ کی مہندی تو نہ چھٹ جاتی۔ میرا کپڑا کوئی کہیں پڑا ہے کوئی کہیں۔ میری بوسکی کی

قمیصیں اکثر بچے کے پوتڑے کا کام دیتی ہیں۔"

کشور:۔ سنو نرائن، سنو.....

نرائن:۔ ارشاد بھابی جان

لاجونتی:۔ میں نہیں، آپ کے دوست کچھ ارشاد فرما رہے ہیں۔

نرائن:۔ کہو بھئی، کیا کہتے ہو۔ مجھے تو بالکل پتا نہیں چلتا کون کس سے کہہ رہا ہے۔

کشور:۔ ہاں تو اتفاق سے ایک دوست کے یہاں پرسوں کھانا کھا لیا۔ پھر تم سنتے "یہ کھانا کہاں کھایا گیا ہے؟ ——— کوئی نئی کی ہو گی، کیوں؟ میں تو بارہ بارہ بجے رات تک بھوکی پیاسی پڑی انتظار کرتی رہوں اور یہ مہاشے جی اس موئی لکاپتہ کے یہاں پکوان اڑائیں۔ جب ہی تو میں دیکھتی ہوں ایک منٹ میں آج کل کھانا کھا لیا جاتا ہے ——— بھوک بالکل نہیں، ذرا نہیں کھایا جاتا کہتے کہتے چوکے سے اٹھ کر ہاتھ دھونے جاتے ہیں۔ ذرا میں بھی تو سنوں آج کل کدھر آپ کا بسیرا لگتا ہے۔

لاجونتی:۔ اب یہ دفتر سے آئے۔ ابھی دو منٹ آئے نہیں ہوا کہ چلّانا شروع کر دیا۔ مجھے آئے گھنٹہ بھر ہو گیا۔ کوئی پوچھتا ہی نہیں کہ کون کتا گھر میں آیا ہوا ہے۔ اور جانے دو، سہ پہر کی اِک چاء ہے وہ بھی ٹھیک نہیں ملتی کہ ذرا تمام دن کی تھکن ہٹے۔ بس دیوی جی کو تو سہیلیوں کی خاطر مدارات سے کام ہے۔ فروٹ پر فروٹ چلے آ رہے ہیں۔ بوتلوں پر بوتلیں کھل رہی ہیں۔ میں مزدور جو گدھے کی طرح بوجھ ڈھونے والا مل گیا ہوں۔ تمام دن کام کا کھپا تھکا ماندہ میں کمبخت گھر میں آیا بیٹھا ہوں اور آپ دیوی جی ہیں کہ ہمسائی کی لڑائی کھڑی سن رہی ہیں ——— ارے سنتی ہو۔ سوچتا

نہیں کان بہرے ہو گئے ہیں؟ —— پکار پکار کے گلا تھک گیا۔ پر تمہارے کان پر جوں تک رینگی۔

کشور:۔ سنو، سنو نرائن ......

نرائن:۔ کیا سُننے کے لئے صرف میں ہی رہ گیا ہوں۔

کشور:۔ بکو نہیں، سُنو...... پرسوں ہی کا ذکر ہے۔ گنیش نے مجھے ایک بوتل بیئر کی پلا دی۔ گھر میں جو پہنچا، نہ معلوم بلی کی ناک ہے اور کان چوہے کے۔ بس گراموفون بجنے لگا۔" اچھا یہ کہیے اب سرکار کے منہ دارو بھی لگ گئی۔ جب ہی آنکھیں لال بھبوکا ہو رہی ہیں۔ بات تو صحیح منہ سے نکلتی نہیں۔ یہ کن شر منتی جی کا کام ہے۔ ہوگی کوئی بازاری۔ اب گھر بار چل چکا۔ بچے پل چکے، میں بدنصیب گئی چولہے بھاڑ میں پر بچوں کا گذارہ کہاں سے ہوگا۔ یہ کمبخت بُری چیز منہ لگتی ہے تو چھوٹتی تھوڑے ہی ہے —— جب ہی تنخواہ میں کبھی دس کم ہیں کبھی بیس —— دیکھو میں کہے دیتی ہوں۔ اگر تمہارے یہی۔ دیتے رہے تو بچوں کو تمہارے سر مار کے میں میکے چلی جاؤں گا

نرائن:۔ (ہنستا ہے) ہاہاہاہا —— بحث تو خوب ہو رہی ہے۔ تڑا تڑ گولیاں چل رہی ہیں۔ دو قابل بلیڈر آرگومنٹ کر رہے ہیں۔ چین جاپان میں جنگ ہو رہی ہے تڑا تڑ گولیاں چل رہی ہیں۔ پر جیت ہار کا پتہ نہیں لگتا۔ کدھر کی جیت رہی ہے اور کدھر کی ہار۔

لاجونتی:۔ جیت ہار سے کیا مطلب۔ ذرا بحث کر کے جی ہلکا ہو گیا۔ اور ان کی قلعی بھی کھل گئی

کشور:۔ میں باز آیا ایسی بحث سے۔ میں دھوبی بن جاؤں گا۔ جو تم کہو گی، صحیح، درست

ٹھیک ہے سرکار کہتا جاؤں گا۔ مجھے دھوبی بننا منظور رہے۔ بحث کرنا منظور نہیں ہے کہیں ہنسی میں پھنسی نہ ہو جائے۔

نرائن:۔ بھابی جان۔ اب کیا چاہتی ہیں۔ میرے دوست نے ہار قبول کر لی۔ آپ جیت گئیں اور وہ ہار گیا...... مگر بحث بڑی ہی مزیدار رہی۔

لاجونتی:۔ یہ بات ہے تو لیجئے اور چھیڑے دیتی ہوں۔ جب ان کے سونے کا وقت آیا اور مسہری پر جا لیٹے تو کہنے لگے "اُف، اُف پیروں میں کس قدر اینٹھن ہو رہی ہے اور سر کے درد سے کنپٹیاں پھٹی جا رہی ہیں۔ بھلا کسی کو کیا غرض جو ذرا میرے پیر دبا دے۔ ذرا میرے سر میں تیل کھپائے۔ ہائے مر گیا.... اوہو ہو کیا ٹیس اٹھتی ہے۔ اب وہ بیچاری تیل لیکر پہنچی۔ تیل لگاتے دو منٹ بھی نہ ہوتے تھے کہ بولے "تم کو تیل لگانا کبھی نہ آئیگا۔ میرا سر تمہاری سنگر مشین کی طرح نہیں ہے۔ ذرا تسکین نہیں ہوتی۔ سر کی بلا ٹال رہی ہو"—— پھر ایک گھنٹے کے بعد کہنے لگے۔ رہنے بھی دو ایسے تیل لگانے سے بہتر تھا کہ پیر ہی دبا دیتیں۔ اب پیر دبانے بیٹھی۔ تو شروع ہوئے مٹھیوں میں زور ہی نہیں۔ تم دباتی ہو یا ہنڈلیاں سہلا رہی ہو.... سر کی بلا ٹالتی ہو...... یہ کیا ہارمونیم بجایا جا رہا ہے.....

کشور:۔ نرائن، جھوٹ، بالکل جھوٹ۔ سفید جھوٹ۔ یہ سب من گھڑت باتیں ہیں۔

لاجونتی:۔ سنیے نرائن صاحب۔

نرائن:۔ ارشاد!

لاجونتی:۔ اب دو گھنٹے دبا چکی تو حکم ہوا! بس کرو مجھے کچھ تسکین نہیں ہوئی۔ پھر پانچ منٹ ٹھیر کر بولے "بس اب نیند آگئی لیٹو نہیں کہ سوئی نہیں۔ خراٹے شروع ہو گئے

ارے کیا سچ مچ سو گئیں۔ ذرا باتیں تو کرو......

کشور:۔ نرائن! یہ سب بہتان ہے۔ یہ سب بہتان ہے۔ ایک حرف اس کا سچ نہیں سب جھوٹ ہے۔

لاجونتی:۔ ذرا بچہ رو پڑا۔ جان بوجھ کے دودھ جی بھر کر نہیں پلایا ہوگا، کہ میری نیند حرام ہو جائے۔ اٹھئے اور گود میں لے، لوریاں دیکر سلاتے۔ نوکری پر بھی جاؤں۔ دن بھر تھکوں مروں۔ رات کو بچہ کھلانے کی ڈیوٹی بھی میں ہی دوں ——— ارے اٹھتی ہو کہ نہیں، کیسی ظالم ماں ہے۔ کیا بھاری نیند ہے۔ ارے اٹھو، ننھے کو دودھ دو۔ مجھ سے نہیں بہلتا۔ نیند ہے کہ بلا۔ اسے آنکھ نہیں کھلتی۔ منا رو رو کے ہلاک ہوا جا رہا ہے......

کشور:۔ لاجونتی میری توبہ۔ میں ہارا تم جیتیں..... پرماتما کے لئے اب بند کرو اس بحث کو...... میں تم سے وعدہ کرتا ہوں کہ دھوبی بن جاؤں گا ——— بھگوان کی قسم دھوبی بن جاؤں گا......... اب تم اس بحث کو بند کرو۔

نرائن:۔ یہ تم بار بار دھوبی کیا کہہ رہے ہو۔ دھوبی بن جاؤ گے تو کیا ہوگا۔

کشور:۔ سب ٹھیک ہو جائیگا نرائن، سب ٹھیک ہو جائیگا..... بات یہ ہے کہ صبح دھوبی دھلائی لیکر آیا تھا۔ اُس سے بھی آپ نے بحث کرنا چاہی۔ کہنے لگیں "ریشمیں کپڑوں کو بھی کلف لگانا چاہیئے۔ آدمی تھا عقل مند فوراً "جی ہاں سرکار لگانا چاہیئے" کہکر اپنی جان چھڑالی۔

نرائن:۔ توکل سے میں بھی اپنے گھر میں دھوبی ہوں ——— بھئی کیا کام کی بات کہی تم نے!

فیڈ اوٹ

آؤ اخبار پڑھیں

لاجونتی: (بڑے اشتیاق بھرے لہجے میں) آؤ اخبار پڑھیں!
(کاغذ کی کھڑکھڑاہٹ)

کشور: (چونک کر) کیا کہا؟

لاجونتی: کہہ رہی ہوں آؤ اخبار پڑھیں۔

کشور: پڑھو، پڑھو، ضرور پڑھو۔۔۔۔۔۔ شکر ہے کہ تمہیں کچھ پڑھنے کا شوق پیدا ہوا۔

لاجونتی: جی گویا میں بالکل ان پڑھ ہوں، الف کا نام بھلا نہیں جانتی، آج دن تک گھانس ہی چھیلتی رہی ہوں۔

کشور: ارے بھئی تم سے یہ کس نے کہا ہے، تم سب کچھ جانتی ہو۔ اس سے کسے انکار ہے میں نے تو صرف یہ کہنا چاہا تھا کہ اخبار پڑھنے کا شوق بڑا اچھا ہوتا ہے۔ دنیا بھر کی

خبریں گھر بیٹھے معلوم ہو جاتی ہیں۔ ابھی تم نے اخبار پڑھنے کا ارادہ ظاہر کیا تو مجھے بڑی خوشی ہوئی۔

لاجونتی:۔ جانے بھی دو، کیوں جھوٹ بولتے ہو، تمہیں خوشی ہوئی ——— ضرور ہوئی ہوگی اگر تمہاری طرح میں بھی صبح سویرے اٹھ کر یہ مؤا اخبار پڑھنا شروع کر دوں، تو دیکھوں جناب کی خوشی کہاں رہتی ہے۔ خود توس سینکنے، دودھ ابالنا اور چائے کا پانی بنانا پڑ جائے تو یہ اخبار اس گھر میں کبھی نظر آئیں ——— دن بدن انگریز ہی بنتے جاتے ہو۔

کشور:۔ یہ انگریز بنتے چلے جانے کی بھی ایک ہی کہی، کھانا کھانے کے بعد سگرٹ پیئے وہ تمہارے نزدیک انگریز، جو شیو کرنے کے بعد تھوڑا سا پاؤڈر چہرے پر مل لے وہ بھی انگریز، ہیٹ لگایا تو انگریز، ذرا بات چیت میں دو ایک شبد بھولے سے انگریزی کے بول دیئے، وہ بھی انگریز ——— اب نمستے پر اخبار پڑھنے والا بھی انگریز ——— چلو بھئی انگریز ہی سہی، یہ گالی تھوڑی ہے جو چڑ جاؤں۔ وہ تم ہی ہو جو اس روز مجھ پر بگڑ گئی تھیں جب میں نے تمہیں میم کہا تھا۔

لاجونتی:۔ میم ہو کوئی تمہاری ہوتی سوتی، میں کیوں میم بنوں ——— یہ موئی لال منہ والی بندریاں تمہیں پسند تھیں تو مجھ سے بیاہ کرنے کی ضرورت کیا آن پڑی تھی۔ کسی نے تم کو مجبور تھوڑی کیا تھا کسی ایسی ویسی کو پکڑ کر گھر میں بسا لیا ہوتا۔ آج ان جھگڑوں کی نوبت تو نہ آتی۔

کشور:۔ تم اخبار پڑھنے والی تھیں۔

لاجونتی:۔ میں پرماتما جانے کیا کیا کرنے والی تھی، پر اس گھر میں آتے ہی ایسے جنجال میں پھنسی

کہ سب کچھ بھول گئی کبھی بیتے ہوئے دنوں کی یاد کرتی ہوں تو بے اختیار آہیں نکل جاتی ہیں ـــــ میں سمجھی تھی کہ میرے سارے سپنے اس گھر میں پورے ہو جائیں گے۔ پر جو بھاگ میں لکھا ہے وہ کیسے مٹ سکتا ہے۔

کشور:۔ (ہمدردی بھرے لہجے میں) سب کے ساتھ ایسا ہوتا آیا ہے لاجونتی۔ شروع شروع میں یہ زندگی بڑی اچھی معلوم ہوتی ہے لیکن جب بال بچے پیدا ہو جاتے ہیں اور جب دوسرے دکھ درد شروع ہو جاتے ہیں تو ایک تھکاوٹ محسوس ہوتی ہے پر یہ بھی تو ہمارے جیون کا ایک رنگ ہے۔ سکھ ہی سکھ ہو تو کیا مزا..... میٹھا زیادہ ہو جائے تو من کو نہیں بھاتا۔ زبان کو کڑوا معلوم ہونے لگتا ہے۔..... میں تو یہ کہتا ہوں کہ ایسی باتوں پر دھیان ہی نہیں دینا چاہیئے ـــــ چلو اخبار پڑھیں۔

لاجونتی:۔ (سرد آہ بھر کر) آؤ اخبار ہی پڑھیں۔

کشور:۔ تم پڑھو، میں سنوں گا۔

لاجونتی:۔ میری آنکھیں بہت کمزور ہو گئی ہیں، تم پڑھو، میں سنتی رہوں گی۔

کشور:۔ (اخبار اٹھانے اور ورق گردانی کرنے کی آواز) پہلے کوئی دلچسپ خبر ڈھونڈھ لوں..... یہ تو سب بیکار ہیں، جرمنی اور اٹلی کے ڈکٹیٹروں کی خبریں ہیں۔ ـــــ یہ سارا کالم ہٹلر کی بکواس سے بھرا پڑا ہے اور یہ کالم......

لاجونتی:۔ ذرا ٹھیرو تو........ یہ مُوا ہٹلر ہے کون؟..... بڑا چرچا ہو رہا ہے آجکل اس کا، پرسوں دھوبی دھلائی لیکر آیا تو کہنے لگا۔ "سرکار بس اسے آخری دھلائی سمجھئے۔ سب گھاٹوں پر تھوڑی ہی دیر میں ہٹلر کا قبضہ ہو جائے گا ـــــ کیا یہ ہٹلر ذات کا دھوبی ہے؟

کشور:۔ دھوبی؟..... نہیں نہیں وہ تو اچھا بھلا انسان ہے یعنی، یعنی ......
جرمنی کا ڈکٹیٹر...... جانتی ہو ڈکٹیٹر کسے کہتے ہیں؟

لاجونتی:۔ ڈکٹیٹر ۔۔۔ ڈی ٹروں اور ایکٹروں کی قسم کا کوئی آدمی ہوگا؟ ۔۔۔۔
تم ہی بتادو نا یہ کون ہوتے ہیں؟

کشور:۔ ڈکٹیٹر اس آدمی کو کہتے ہیں..... ٹھیرو، میں تمہیں مثال دیکر سمجھاتا ہوں
یہ ہمارا گھر ہے، اس میں تم ہو ہمارا منا ہے، دُرگا نوکرانی ہے ۔۔۔ میرے پتا جی ہیں، ماتا جی ہیں اور میں ہوں....... یہ سب لوگ مجھے بڑا مانتے ہیں اسلئے کہ گھر کا انتظام میں کرتا ہوں، پر میں سب کی رائے لیکر کام کرتا ہوں، اب اگر کل سے میں اس گھر میں صرف اپنا ہی حکم چلانا شروع کر دوں اور سب سے اپنا کہا منوانا شروع کر دوں تو میں وہ نہیں رہوں گا جو پہلے تھا، ٹھیک ہے نا؟

لاجونتی:۔ ٹھیک ہے۔

کشور:۔ بس یوں سمجھ لو کہ میں ڈکٹیٹر بن جاؤں گا اور جب میں ڈکٹیٹر بن جاؤں گا تو مجھے اس بات کا ادھیکار ہوگا کہ آلوؤں کو ٹماٹر کہنا شروع کر دوں، ٹماٹروں کو گھڑیاں اور گھڑیوں کو دوآتیں کہنے لگوں ۔۔۔ صبح کا ناشتہ رات کے بارہ بجے ہو۔ ڈنر صبح کو کھایا جاتے، لنچ رات کو ہو۔ چاء میں سکنجبین ملا کر پی جائے، سالن پہلے کھایا جائے اور روٹی بعد میں......

لاجونتی:۔ کیا پاگلخانوں میں قفل لگوا دو گے؟ ......

کشور:۔ اب کیا لوگوں نے ان تمام ڈکٹیٹروں کو پاگل خانے بھجوا دیا ہے۔ جن کا حال ہر روز اخباروں میں چھپتا رہے۔ ارے پاگل ڈکٹیٹر بہت بڑا آدمی ہوتا ہے بہت

بڑا آدمی، وہ دن کہے تو دن، رات کہے تو رات.... پر جاکر اس کی ہر بات ماننا ہی پڑتی ہے۔ میں نے گھر کی مثال اسی لئے دی تھی کہ تم جلدی سمجھ جاؤ......

لاجونتی:۔ سب سمجھ گئی ہوں، یہ اخبار پڑھ پڑھ کر اب تم بھی اس گھر میں ہٹلر بننا چاہتے ہو، پر مجھ سے سن لو تمہاری ڈکٹیٹری یہاں نہ چل سکے گی ــــ جس دن تم نے آلوؤں کو ٹماٹر کہا اور ٹماٹروں میں گوک بھرنا شروع کی میں اپنے منے کو لیکر یہاں سے چل دونگی، مجھ سے یہ پاگل پن نہ دیکھا جائے گا۔

کشور:۔ لاجونتی، تم نے یہ کیسے سوچ لیا کہ میں اس گھر میں ڈکٹیٹر بن سکتا ہوں ــــ اس جرمنی کا ہٹلر تو صرف تم ہی ہو.... میں تو جی حضوری ہوں۔ آنکھیں بند کئے سب حکم مانتا رہتا ہوں

لاجونتی:۔ سب حکم مانتے رہتے ہو..... تم نے کہا اور میں نے مان لیا۔ شادی کے دو دن بعد جب میں نے تم سے کہا تھا کہ ناتھ میں تم سے التجا کرتی ہوں، یہ سگرٹ پینا چھوڑ دو زیادہ ہے تم نے مجھ سے کیا کہا تھا؟ "لاج پیاری، تم مجھے حکم دے سکتی ہو، یہ التجا کیسی؟ ــــ سگرٹ کیا میں تمہاری خاطر اپنی عزیز سے عزیز چیز چھوڑ سکتا ہوں؟ ــــ اور اس وقت تمہارے منہ سے دھوئیں کے یہ بادل جو نکل رہے ہیں، کیا بتاتے ہیں؟ ہماری شادی کو چار برس گزر چکے ہیں، ذرا حساب کر کے بتاؤ تو کتنے سگرٹ اب تک پی چکے ہو؟ ــــ

کشور:۔ سگرٹ کی کیا بات کرتی ہو لاج؟ پیا پیا نہ پیا نہ پیا ــــ تم تو معمولی سے معمولی بات بھی لے بیٹھتی ہو۔

لاجونتی:۔ سگرٹ پینا معمولی بات ہوئی تو کبھی کبھی ہوسکی اور بیئر پینے میں کیا ہرج ہے، اُن

موئی ایکٹرسوں کے یہاں جانے میں کیا مضائقہ ہے۔ برج اور ریس کھیلنے سے کیا ہوتا ہے۔ باہر ہی باہر دوستوں کے ساتھ گلچھرے اُڑانے سے کیا بگڑتا ہے؟ —— کچھ بھی نہیں بیچاری استری گھر میں پڑی گھلتی رہتی ہے —— اس سے زیادہ اور ہو بھی کیا سکتا ہے؟ جانے دو اب مجھ سے ان معمولی باتوں کی فہرست نہ بنواؤ۔ چلو آؤ اخبار پڑھیں۔

کشور:۔ اخبار —— ہاں اب اخبار پڑھنا ہی پڑے گا۔

لاجونتی:۔ اگر نہیں جی چاہتا تو چھوڑ دو۔

کشور:۔ نہیں، نہیں جی کیوں نہیں چاہتا، ابھی پڑھتے ہیں —— میں یہ سوچ رہا تھا کہ تمہیں مجھ سے بالکل پریم نہیں ہے، تمہارے لئے میں نے ہمسایوں سے لڑائی مول لی۔ اپنے رشتہ داروں کو چھوڑا، آپ غلامی کا طوق پہن لیا —— موٹر بیچ دی کہ تمہاری چوڑیاں بن جائیں، سردیوں میں میں ہمیشہ ہندوستانی دواخانے کا بنا ہوا حلوہ کھایا کرتا تھا۔ پر اس سال میں نے وہ بھی نہ لیا کہ تم اپنی سہیلیوں کی دعوت کر سکو —— میں نے اتنی قربانیاں کیں پر تمہارا پریم..... وہ پریم جو مرد کے دل کی غذا ہے، ابھی تک مجھے نہیں ملا —— پرماتما کیلئے مجھے آج یہ تو بتا دو کہ میں تمہارا پریم کس قیمت پر خرید سکتا ہوں۔

(باہر سے آواز آتی ہے "ایک آنے میں —— ایک آنے میں!")

کشور:۔ یہ کون بولا؟

لاجونتی:۔ یہ کس نے کہا؟

(باہر سے پھر آواز آتی ہے "آج کا تازہ اخبار —— ایک آنے میں —— ایک آنے میں")

کشور:۔ (ہنستا ہے)

لاجونتی:۔ (ہنستی ہے)

کشور:- میں حیران ہو گیا تھا کہ ایک آنے میں تمہارا پریم کیسے مل سکتا ہے۔

لاجونتی:- مل سکتا ہے ـــــ لاؤ ایک آنہ

کشور:- کیا کرو گی؟

لاجونتی:- اخبار خریدونگی ـــــ ذرا گرما گرم خبریں پڑھیں ـــــ جلدی نکالو ایک آنہ کہیں وہ چلا نہ جائے

کشور:- .... یہ لو.......

لاجونتی:- ارے او چھوکرے ـــــ ذرا ٹھیرو ـــــ ذرا ٹھیرو۔

(دروازہ کھلنے کی آواز)

کشور:- (اپنے آپ سے) ایک آنے میں..... ایک آنے میں..... مگر کیا؟.....
آج کا تازہ اخبار ـــــ گرما گرم خبروں سے بھرا ہوا..... میری لاجونتی کیا کم گرم ہے
..... لیکن آج کی تازہ، لاجونتی قدرے ٹھنڈی معلوم ہوتی ہے۔

(دروازے کی آواز ـــــ ساتھ ہی کاغذ کی کھڑکھڑاہٹ)

لاجونتی:- لے آئی ہوں، دھڑا دھڑ بک رہے تھے معلوم ہوتا ہے بڑے ہنگامے کی باتیں لکھی ہیں ـــــ لو پڑھ کے سناؤ پر ذرا ہولے ہولے پڑھنا۔

کشور:- لاؤ..... دیکھتے ہیں کیا لکھا ہے!

(کاغذ کی کھڑکھڑاہٹ)

لاجونتی:- اب دیکھنا کیا شروع کر دو گے... پڑھتے چلے جاؤ.... سارا اخبار خبروں ہی سے تو بھرا ہے..... توبہ، اتنا بھی گمان نہ ہونا چاہیئے اپنی لیاقت پر... میری عینک کی کمانی ٹھیک نہیں ہے، ورنہ میں خود ہی پڑھ لیتی..... اور ہاں یہ تو بتاؤ کہ یہ میری عینک کی کمانی کب ٹھیک کرا دو گے، پرماتما جھوٹ نہ بلوائے تو ہزار ایک بار تم سے

کہہ چکی ہوں کہ اسے لیجاؤ مرمت کے لئے، پر ہزار بار تم اسے یہیں چھوڑ گئے.... دیکھا آپ ہی آپ کیا مزے لے لیکر پڑھ رہے ہو...... ذرا منہ سے بولتے جاؤ تو تمہارا کچھ گھس تو نہیں جائیگا۔

کشور:۔ کیا کہا؟

لاجونتی:۔ گویا میں نے کچھ کہا ہی نہیں، تمہارا سارا دھیان تو اُس اخبار میں پڑا ہے سنو گے کیا خاک — میں نے یہ اخبار تمہارے لئے نہیں خریدا، پڑھو اور مجھے سناؤ

کشور:۔ تمہارے مطلب کی کوئی خبر تو ڈھونڈھ لوں۔

لاجونتی:۔ نہیں نہیں، ڈھونڈنے ووندھنے کی کوئی ضرورت نہیں، تم کوئی سی خبر پڑھ کر سنانا شروع کر دو، سبھی میرے مطلب کی ہیں، میں تمہاری سب چالاکیاں جانتی ہوں، سارا اخبار ڈھونڈھتے ڈھونڈتے پڑھ لوگے اور آخر میں یہ چھوڑے ہوئے کاغذ میرے سر مار کر کلب چلے جاؤ گے...... چلو پڑھو......

کشور:۔ لو، سنو...... "میاں نے بیوی کی ناک کاٹ دی"

لاجونتی:۔ کیا؟

کشور:۔ بیچ میں بولو نہیں، سنتی چلی جاؤ — قصور، گیارہ جون.... ہمارا نامہ نگار لکھتا ہے کہ دن دہاڑے ایک شخص مسمیٰ گنڈا سنگھ نے اپنی بیوی کی ناک کند استرے سے کاٹ دی۔ اس ظالمانہ فعل کی وجہ یہ بیان کی جاتی ہے کہ اسکی بیوی اننت کور بڑی جھگڑالو قسم کی عورت تھی۔ وہ ہر وقت گنڈا سنگھ سے لڑتی رہتی تھی جس سے وہ عاجز آ گیا تھا ایک روز اس نے روز روز کے جھگڑے سے تنگ آ کر اُس کی ناک اُسترے سے کاٹ دی......

لاجونتی:۔ جھُوٹ ــــ بالکل جھُوٹ!

کشور:۔ اخبار تمہارے سامنے ہے...... یہ رہی سرخی ــــ تم عینک کے بغیر بھی پڑھ سکتی ہو ــــ میاں نے بیوی کی ناک کاٹ دی...... اور یہاں سے خبر شرع ہوتی ہے ــــ قصور، گیارہ جوُن.......

لاجونتی:۔ کوئی اور خبر پڑھو۔

کشور:۔ کیوں یہ پسند نہیں آئی؟

لاجونتی:۔ نہیں...... یہ بات نہیں...... یہ تو پڑھ چکے، اب کوئی اور پڑھو یا اب بار بار یہی پڑھ کر سنانے کا خیال ہے...... جنگلی آدمیوں کو لڑنے مرنے کے سوا اور کام ہی کیا ہوتا ہے ــــ پر تم میری طرف ایسی گہری نظروں سے کیوں دیکھ رہے ہو۔

کشور:۔ نہیں تو...... میں یہ سوچ رہا تھا کہ بیچارے گنڈا سنگھ نے بڑی مجبوری کی حالت میں اپنی پیاری بیوی کی ناک کاٹی ہوگی...... اس کو بعد میں کتنا دُکھ ہوا ہوگا۔

لاجونتی:۔ پیاری بیوی اور اس کا پیارا خصم ــــ بھاڑ میں جائیں دونوں ــــ پر تم میری ناک کی طرف کیا دیکھ رہے ہو۔

کشور:۔ کتنی خوبصورت ناک ہے؟ ــــ اس پر یہ ننھا سا تل کتنا بھلا معلوم ہوتا ہے۔
(کھانسنے کی آواز آتی ہے...... نرائن کی آمد)

کشور:۔ نرائن......

نرائن:۔ ہاں بھئی نرائن ہی ہے، پر تمہیں کیا ہو گیا ہے جو ہر وقت اپنی بیوی کی تعریف کرتے رہتے ہو، بڑی اچھی ہیں، لاکھوں میں ایک ہیں...... نمسکار بھابی جان۔

لاجونتی:۔ نمسکار......

نرائن:۔ آپ اُکتاتی نہیں ہیں، ان کے منہ سے ہر روز اپنی تعریف سُنتے سُنتے؟

لاجونتی:۔ تعریف کاہے کی؟...... وہ تو......

نرائن:۔ اجی چھوڑیئے ایں سب جانتا ہوں، یہ عورتوں کی کمزوری ہے۔ وہ اپنی تعریف سے بہت خوش ہوتی ہیں.... ہم مردوں میں بیشمار کمزوریاں ہیں۔ مثال کے طور پر...... یہ کیا؟ —— آج میز پر اتنے اخبار کہاں سے آگئے؟

کشور:۔ ایک تمہاری بھابی نے خریدا ہے، دو میں لایا تھا۔

نرائن:۔ کیا لکھتے ہیں یہ؟ —— باہر کی دنیا میں کیا ہو رہا ہے؟

(اخبار پکڑنے اور کھولنے کی آواز)

...... یورپ کے آسمان پر جنگ کے سیاہ بادل —— لیگ آف نیشن میدانِ عمل میں (مِنتا ہے)...... یہ لیگ آف نیشن کیا بلا ہے، میری سمجھ میں ابھی تک نہیں آیا۔

کشور:۔ تم لیگ آف نیشن نہیں جانتے تو اخبار کو ہاتھ میں لیا ہی کیوں تھا؟ ——

لاجونتی:۔ جیسے دنیا بھر کی چیزیں یہی جانتے ہیں.... ساری حکمتیں صرف ان کے ہی دماغ میں جمع ہیں —— بھلا بتایئے تو لیگ آف نیشن کسے کہتے ہیں......

کشور:۔ لیگ آف نیشن کو... یعنی.... قوموں کی جمعیت کو.... سمجھتی ہو جمعیت کسے کہتے ہیں.... سنگھٹن کو.... پر یہ تو اس سے بھی مشکل ہے.... ٹھیرو مجھے کوئی سہل سا لفظ سوچنے دو.... لیگ آف نیشن.... دیکھو.... یہ ایک ایسی پنچایت ہے جس میں ہر ملک کے آدمی شامل ہوتے ہیں، اگر کہیں جھگڑا فساد ہو جائے تو یہ ایک جگہ جمع ہو کر اس کا فیصلہ کرتے ہیں۔

لاجونتی:۔ اور اگر ان کا آپس ہی میں جھگڑا ہو جائے تو؟

کشور:۔ تمہیں ہر جگہ جھگڑا ہی جھگڑا نظر آتا ہے ـــــ گنڈا سنگھ اور رانت کور کا قصہ بھول گئی ہو

نرائن:۔ ارے لیگ آف نیشنز میں یہ گنڈا سنگھ اور رانت کور کہاں سے آ گئے ـــــ کیا یہ لیگ میں ہندوستان کے نمائندے ہیں؟

کشور:۔ نہیں، تمہاری تو ہر بات اُلٹی ہوتی ہے۔

نرائن:۔ دیکھئے بھابی جان، یہ آپ کے بارے میں کیا کہہ رہے ہیں۔

کشور:۔ پرماتما کے لئے جھوٹ نہ بولو نرائن ـــــ وہ سمجھیں گی میں نے یہ ان کی بابت ہی کہا ہے، اچھی طرح واقف ہو ان کی طبیعت سے پھر خواہ مخواہ ایسی چھیڑ خانی سے فائدہ؟

نرائن:۔ ہوں..... ٹھیک ہے، ٹھیک ہے (ورق اُلٹنے کی آواز)..... یہ خبر پڑھی تم نے..... Disarmament کے متعلق ایک بہت بھاری کانفرنس ہو رہی ہے.....

لاجونتی:۔ Disarmament کیا ہوا نرائن صاحب ـــــ لیگ آف نیشنز کی قسم کی معلوم ہوتی ہے۔

نرائن:۔ جی ہاں ـــــ کشور سے پوچھئے، وہ آپ کو اچھی طرح سمجھا دے گا ـــــ کشور، بتاؤ بھئی انہیں، یہ Disarmament کانفرنس کیا ہوتی ہے۔

لاجونتی:۔ آپ کیوں نہیں بتاتے؟

نرائن:۔ کشور اچھی طرح سمجھا سکے گا۔ اس لئے کہ وہ کئی بار آپ کے مقابلے میں ہتھیار پھینک چکا ہے۔

لاجونتی:۔ کیا کہا آپ نے؟

کشور:۔ کچھ بھی نہیں، نرائن نے کچھ نہیں کہا وہ دوسرے ہتھیاروں کی بات کر رہا تھا۔۔۔
۔۔۔۔ہاں بھئی کیا پوچھتے ہو۔

نرائن:۔ یہ پوچھ رہی ہیں کہ یہ کانفرنس کیا ہوتی ہے۔

کشور:۔ Disarmament کے معنی ہیں بندوقوں، توپوں اور اس چیز کو جو جنگ میں ہتھیار کے طور پر کام آسکے علیحدہ کر دینا۔۔۔۔ یہ کانفرنس جس کا ذکر تم نے ابھی ابھی اخبار میں پڑھا ہے جنگ و جدال کم کرنے کے لئے منعقد ہو رہی ہے — اس میں یہ فیصلہ کیا جائیگا کہ ہر ملک کو کتنے کتنے ہتھیار اپنے پاس رکھنا چاہئیں، اس سے ایک دوسرے کو خطرہ نہ رہیگا۔

نرائن:۔ وہ کیسے؟۔۔۔۔ فرض کر لیا جائے کہ ہم یعنی میں بھابی اور تم، تین ملک ہیں۔ الگ الگ لیکن ہماری سرحدیں آپس میں ملتی ہیں۔ اب بھابی جان کے پاس لوہے کا ایک کروشیا ہے اور تمہیں ڈر ہے کہ کسی روز مفتے کا بُنتے بُنتے اگر یہ بگڑ گئیں تو کروشیا تمہارے پیٹ میں بھونک دینگی، اس کا فیصلہ کیا ہوگا؟

کشور:۔ تحدید اسلحہ یعنی ہتھیار روک کانفرنس بیٹھے گی اور اس پر سوچ بچار کیا جائے گا۔ فیصلہ میرے خیال میں یہی ہوگا کہ مجھے بازار سے ایک چھری خرید لینے کی اجازت مل جائیگی تاکہ میں اسے روک کے طور پر استعمال کر سکوں۔ اس میں آپ لوگوں کو بھی کوئی اعتراض نہ ہوگا۔

لاجونتی:۔ اعتراض کیوں نہیں ہوگا۔ تم چھری خرید لو اور میرے پاس نگوڑا ایک کروشیا ہی رہے۔ تم جب چاہو مجھے اس چھری سے دُھن ڈالو اور میں یہ اکیلا کروشیا لئے تمہارا منہ دیکھتی رہوں، پٹتی جاؤں، نہ بابا — میں بھی یہ کانفرنس بٹھاؤں گی اور اس

میں اس بات کا فیصلہ کراؤں گی کہ مجھے اپنی حفاظت کیلئے وہ چاقو جس سے ترکاریاں بنائی جاتی ہیں اُٹھا کر اپنے پاس رکھ لینا چاہیئے تاکہ یہ اپنی چھڑی کا استعمال نہ کر سکیں۔ لڑائی کو بند کرنے کیلئے آپ سب میرا ساتھ دیں گے، کیا غلط کہہ رہی ہوں میں؟

نرائن:۔ نہیں، آپ بالکل ٹھیک کہہ رہی ہیں مگر مجھے خطرہ پیدا ہو جائیگا کہ اگر میرے ہوتے ہوئے آپ دونوں کا جھگڑا ہو گیا، کروشیا، چھڑی اور ترکاریاں کاٹنے والے چاقو کا استعمال شروع ہو گیا تو میں اپنی جان کیسے بچاؤں گا..... کیا پتہ ہے کہ میں زخمی ہو جاؤں سو میں فوراً ہی آپ لوگوں سے درخواست کرونگا کہ ایک جگہ بیٹھ کر آپس میں سمجھوتہ کر لیا جائے، چنانچہ فیصلہ یہ ہوگا کہ میں بھی اپنے بچاؤ کیلئے ایک معمولی سی چیز..... مثال کے طور پر وہ شکاری چاقو جو میں نے تھوڑے ہی روز ہوئے میرٹھ سے منگوایا ہے جیب میں رکھ لیا کروں،..... اس سے یہ ہوگا کہ ہمیں ایک دوسرے سے کسی قسم کا خطرہ نہیں رہے گا۔

کشور:۔ شکاری چاقو۔۔۔ باپ رے!..... نہیں، نہیں نرائن یہ نہیں چلیگا۔ کیا پتا ہے کہ ہنسی ہنسی میں تمہارا یہ شکاری چاقو میرا ہی شکار کر دے..... مجھے اپنی حفاظت کیلئے ایک چھوٹا سا پستول خریدنا ہی پڑیگا۔ خواہ ایک مہینے کی ساری تنخواہ اسی میں نہ چلی جائے، یہ پستول دغے نہ دغے، پر تمہیں اپنا شکاری چاقو نکالتے وقت اس کا ڈر تو رہے گا۔

لاجونتی:۔ پستول؟۔۔۔ یعنی آپ جب چاہیں مجھے گولی کا نشانہ بنا دیں، نہ بابا..... یہ نہیں ہو سکتا۔ آپ کے پاس چھڑی ہو اور اُوپر سے یہ گولیوں والا پستول..... جونہی مجھے پتا چلے گا کہ آپ پستول لے آئے ہیں میں بھی اپنی حفاظت کے لئے ایک

رائفل خریدوں گی۔

کشور:۔ تو ظاہر ہے کہ مجھے ایک مشین گن لینا پڑے گی۔

لاجونتی:۔ میں وہ زہریلی گیس منگواؤں گی جو حال ہی میں دشمنوں کو مارنے کیلئے بنائی گئی ہے۔

نرائن:۔ بس، بس، اُدھر میں دو بم لے آؤں گا تو اس گھر میں بالکل امن قائم ہو جائیگا۔ لڑائی کا بالکل اندیشہ نہ رہے گا ـــــ سکھ اور چین اس گھر کی بلائیں لیں گے.... نہ رہے گا بانس اور نہ بجے گی بانسری ـــــ سب ٹھیک ہو جائیگا۔

لاجونتی:۔ سب ٹھیک ہو جائیگا ؟

کشور:۔ (طنزیہ انداز میں) ہاں سب ٹھیک ہو جائیگا۔

(فیڈ آؤٹ)

آؤ چوری کریں

کشور:۔ (ایکا ایکی اپنی بیوی سے) آؤ چوری کریں۔

لاجونتی:۔ کیا کہا؟

کشور:۔ یہ کہا، آؤ چوری کریں۔

لاجونتی:۔ میں سمجھی ——— اب آپ چوری اور سینہ زوری پر اُتر آئے ہیں یعنی مجھے بتا کر میری چیزیں اُڑانا چاہتے ہیں۔ ہے نا یہی بات؟

کشور:۔ بھئی کیا سمجھی ہو ——— داد دیتا ہوں تمہاری سُوجھ بُوجھ کی ——— میں فقط چوری کرنے کو کہہ رہا تھا، سینہ زوری نہیں۔ یہ سینہ زوری کا اضافہ تم نے اپنی طرف سے کیا ہے۔

لاجونتی:۔ آؤ چوری کریں کا مطلب یہ ہُوا کہ آپ خود بھی چوری کرنا چاہتے ہیں اور مجھ سے بھی چوری کروانا چاہتے ہیں تو آپ خود چوری کریں، خیر چھوڑیئے اسے، آپ یہ بتائیے کس کی

چوری کرنا چاہتے ہیں آپ؟

کشور:۔ آہستہ بولو ——— دیوار ہم گوش دارد۔ چوری چپ چپاتے کی جاتی ہے۔ یوں ڈھنڈورا نہیں پیٹا جاتا۔ ہولے ہولے بات کرو۔ کوئی سُن لیگا تو بڑی بدنامی ہوگی۔

لاجونتی:۔ ہُوا کرے، پہلے آپ کا کون سا نام ہے جو بدنامی کا ڈر ہے۔ سبھی جانتے ہیں کہ آپ چور ہیں۔ اسکول کی بھی آپ کی چوریاں مشہور ہیں۔ کسی کی کتاب، کسی کی پنسل، کسی کا قلم وغیرہ وغیرہ آپ دن دہاڑے اُڑا لیا کرتے تھے۔

کشور:۔ یہ تُم سے کس نے کہا۔

لاجونتی:۔ آپ نے اور کس نے؟ ——— نرائن صاحب سے باتیں کرتے ہوئے اُس روز کیا آپ نے قبولا نہیں تھا کہ دس کتابیں چرا کر آپ نے بیچ ڈالیں تھیں ——— کرپارام کا فونٹین پن آپ نے ایسا ہضم کیا کہ ڈکار تک نہ لی۔

کشور:۔ کتابوں وغیرہ کی چوری، چوری نہیں ہوتی اور یہ ہے بھی تو اُس زمانے کی بات جب عمر بہت چھوٹی تھی۔

لاجونتی:۔ اور اس عمر میں جب کہ آپ ایک بچّے کے باپ ہیں کیا آپ نے چوریاں نہیں کیں۔

کشور:۔ مثلاً۔

لاجونتی:۔ ابھی کل کی بات ہے کہ بنارسی ساڑھی کی زری نوچ کر جو میں نے الماری میں رکھی تھی، آپ بیچ کر کھا گئے۔ میرے لئے دوا کے طور پر ڈاکٹر نے جو برانڈی دی تھی۔ آپ چپکے چپکے پی گئے اور بوتل میں پانی بھر دیا، دس روپے کا نوٹ جو میں اپنے ٹرنک میں رکھ کر بھول گئی تھی، آپ نے اُڑا لیا اور اُس پر ستم یہ کہ ایک روپے کے رس گلّے لا کر میرے سر کے اُوپر اُلٹا اِحسان کیا ——— بجلی کے بل کے روپے آپ

ہزاروں مرتبہ کھا گئے اور مجھے دودھ والے کو دو مہینے کا اکٹھا بل دینا پڑا۔ ایک روز آپ نے پانچ روپے کسی اندھے و دیالیہ میں خیرات دینے کے لئے مجھ سے لئے اور اُس کی ایک ایک پائی آپ ہضم کر گئے، پرسوں نعمت خانے سے گاجر کا حلوہ آپ نے نوشِ جان کر لیا اور پیچھے سے ذرا پھیلا دیا — بھئی چور رہو پر کچے چور رہو۔

کشور:۔ بالکل جھوٹ — میں نے گاجر کے حلوے کو ہاتھ تک نہیں لگایا۔ تمہارے گھر کے مودی خانے میں موٹے موٹے سنڈے چوہے جو سینہ مارتے پھرتے ہیں وہی تمہارا حلوہ کھا گئے ہوں گے۔

لاجونتی:۔ میں ثبوت کے بغیر کوئی بات نہیں کہا کرتی۔ آپ کا وہ رومال ابھی تک میلے کپڑوں میں پڑا ہے جس سے آپ نے حلوہ کھا کر اپنے ہاتھ پونچھے تھے۔

کشور:۔ خیر — لیکن تم یہ بتاؤ کہ اب چاہتی کیا ہو۔

لاجونتی:۔ اور کچھ نہیں، فقط یہ کہ چوری کرے تو پکی چوری اور یہ کہ حلوہ خوردن را روئے باید۔

کشور:۔ تو خاموش رہو۔

لاجونتی:۔ بہت اچھا۔

(چند لمحات کے لئے خاموشی طاری رہتی ہے۔)

کشور:۔ (کیا سناتیں ماجرائے دردِ دل، گنگناتا ہے — پھر دفعتہً جیسے کچھ یاد آگیا ہے کہتا ہے) لاجونتی۔

لاجونتی:۔ کہو، کیا کہتے ہو۔

کشور:۔ کہتا ہوں یہ کہ آؤ ایک بڑی مزیدار چوری کریں۔

لاجونتی:۔ ارے کچھ کہو گے بھی یا آؤ چوری کریں کی رٹ لگائے جاؤ گے۔

کشور:۔ سنو، ایک پارسل نرائن کا میرے مکان کے پتے سے آیا ہے، یعنی اُس نے میرے گھر کے پتے سے منگوایا ہے۔ اُسے کھولیں اور صاف ہڑپ کر جائیں۔

لاجونتی:۔ بھئی ڈر لگتا ہے۔ نہ معلوم کیا ہو کیا نہ ہو۔ بعد میں بیکار کا فضیحتا ہو۔ میں در گذری ایسی چوری کی شرکت سے۔

کشور:۔ تم بھی عجیب بیوقوف ہو۔ فضیحتا کیا ہوگا۔ آخر میں نرائن کو اُلو بنائیں گے اور بات کو ہنسی ہنسی میں اُڑا دیں گے۔ وہ اپنا بے تکلف دوست ہے۔ اور پھر کوئی ایسی چوری تھوڑے ہی ہے کہ تھانہ تھنول ہو۔ لاجونتی تم بڑی ڈرپوک ہے۔ میری بیوی اور ایسی کچے دل کی۔

لاجونتی:۔ بھئی جو کچھ ہو ایک تو یوں چوری چکاری سے میرا دل ہلتا ہے اور وہ بھی اپنے ہم چشموں کی۔ آخر میں نظر ملانی مشکل ہوتی ہے۔ آپ تو ہوئے دیدہ دلیر، آپکی آنکھوں کا تر پانی مر گیا ہے۔ نہ بابا مجھ سے یہ کام نہ ہوگا۔

کشور:۔ ارے اک ننھا منّا تو پارسل ہے، کوئی سیر دو سیر سونے چاندی کا پارسل تھوڑے ہی ہے

لاجونتی:۔ اچھا سُنو۔ اگر کوئی زیادہ قیمت کی چیز ہوئی تو بھئی میں ہاتھ تک نہ لگاؤں گی۔

کشور:۔ لو کھولو۔

لاجونتی:۔ تم کیوں نہیں کھولتے۔

کشور:۔ اب کھول بھی دو ——— لو یہ چاقو۔ جھرا جھر اِس کا کپڑا کاٹ دو۔ ابھی معلوم ہو جاتا ہے اس میں کیا ہے۔

لاجونتی:۔ بھئی ڈر لگتا ہے ——— اچھا یہ لو...... (کپڑا کاٹنے اور پارسل کھولنے کی آواز) کاغذ ہی کاغذ ہیں ——— ایک بوتل ہے اور یہ لفافہ۔

کشور:۔ سچ مچ یہ تو لفافہ ہی نکلا ——— ذرا دینا ادھر...... (کاغذ کی کھڑکھڑاہٹ)......

خط ہے ——— سوامی رام پرکاش جی ہردوار والے کا.....

لاجونتی: سوامی رام پرکاش...... اور اس میں کیا لکھا ہے۔

کشور: ٹھیرو، پڑھ کے سُناتا ہوں (تھوڑا وقفہ) نرائن کے کسی دوست کا خط ہے اور ...... اور اس بوتل میں سر کا گنج دُور کرنے کے لئے تیل ہے۔

لاجونتی: جھوٹ، بالکل جھوٹ، لاؤ خط مجھے دو میں خود پڑھتی ہوں۔

کشور: کہہ جو دیا کوئی خاص بات نہیں۔

لاجونتی: (خط پر جھپٹنے کی آواز) بس بس، اب چھیننے کی کوشش نہ کیجئے گا، مجھے پڑھ لینے دیجئے، کوئی خاص بات تو ہے نہیں، پھر پریشان ہونے کی کیا ضرورت ہے (خط کھولنے کی آواز ——— پڑھتی ہے) ڈیر مسٹر نرائن ——— آپ کا خط مجھے مل گیا تھا۔ اور روپے بھی، مجھے افسوس ہے کہ آپ کی مطلوبہ شے میں فوراً ہی نہ بھیج سکا، اسلئے کہ نوچندی کی اتوار میں کچھ دن باقی تھے...... اب میں ایک موہنی منتر آپ کو بھیج رہا ہوں...... ہُوں، منتر...... اچھا......

کشور: لاجونتی، تمہیں کسی کا پرائیویٹ خط پڑھنے کا کیا حق حاصل ہے؟

لاجونتی: چپ رہو جی..... مجھے پڑھنے دو..... لکھا ہے...... یہ منتر اماوس کی رات کو ایک سو آٹھ مرتبہ پڑھ کر جس کو اپنا گرویدہ اور تابعدار بنانا ہو پھونکا جائے۔ باواجی کا چمتکار آپ کو معلوم ہو جائیگا۔ اس کو سنبھال کر اپنے پاس رکھئے، بڑی نایاب چیز ہے، اور بوتل میں جو تیل ہے یہ بالوں میں ہر روز لگانے کے لئے ہے' اس سے تمام مرادیں پوری ہو جائیں گی۔ منتر یہ ہے.....

کشور: لو اب خط دے دو، سب کچھ تو پڑھ لیا۔

لاجونتی:۔ ابھی چار سطریں باقی ہیں..... منتر یہ ہے..... ادنگ نما کاشیری مدھ مدیش ادتمادے بھر بینگ پر اسواہا...... اور آپ نے جو کسی کشور صاحب کے لئے منتر مانگا ہے، وہ دس پندرہ روز کے بعد آپ کو مل جائیگا......

کشور:۔ لاجونتی، اب مذاق حد سے بڑھ گیا ہے، لاؤ خط میرے حوالے کرو...... یہ منتر ونتر سب بکواس ہے۔ پارسل میں نے خود تمہیں اور نرائن کو بنانے کے لئے پوسٹ کیا تھا۔

لاجونتی:۔ کہاں سے؟..... کپڑے پر تو مہر دہلی کی لگی ہوئی ہے۔ اور آپ پارسل پوسٹ کرنے دہلی شاید خواب میں گئے ہوں گے، کیوں؟ ابھی میں کچی گولیاں نہیں کھیلی ہوں ——اب تو آپ اور نرائن صاحب کی چوری پکڑی گئی..... بھئی کیا لطیفہ ہوا ہے یعنی آپ نے خود اپنے ہاتھوں اپنا بھانڈا پھوڑ دیا۔

کشور:۔ دیکھو لاج، میں سچ کہتا ہوں بھیجنے والے کو ضرور غلط فہمی ہوئی ہے: نرائن کو بھلا ایسے منتروں کی کیا ضرورت ہے، کچھ بھی ہو لیکن میرے متعلق....

لاجونتی:۔ آپ کے متعلق کیا؟

کشور:۔ یہ جو لکھا گیا ہے کہ میں نے منتر مانگا ہے، بالکل جھوٹ ہے، اس کا اوّل جھوٹ، اس کا آخر جھوٹ! سر سے پیر تک جھوٹ ہی جھوٹ۔

(گھنٹی بجتی ہے)

کشور:۔ نرائن آیا ہے..... دیکھو لاج پرماتما کے لئے یہ ساری باتیں اپنے دل تک ہی رکھنا..... تم نہیں جانتی۔ کہ یہ معاملہ کتنا سنگین ہے!..... لاؤ ادھر خط مجھے دو۔

لاجونتی:۔ خط میں ابھی نہیں دوں گی پر اتنا وعدہ کرتی ہوں کہ نرائن صاحب سے اُس کا ذکر تک نہ کروں گی۔

کشور:۔ قسم کھاؤ۔

لاجونتی:۔ لو اب اتنی سی بات پر مجھے قسمیں کھلوانے لگے۔ کہہ جو دیا نہیں کہوں گی، اگر نرائن صاحب سے میں نے اس خط کا ذکر کیا تو جو چور کی سزا وہ میری ——لو اب تو اعتبار آ گیا۔

کشور:۔ پر تم یہ خط واپس کیوں نہیں دے دیتیں، ہیں..... ہیں..... آیئے آیئے مسز نرائن..... نمسکار نمسکار..... تشریف رکھئے..... ہیں..... میں کیا کہہ رہا تھا لاجونتی

لاجونتی:۔ کہ مسز نرائن بڑی روشن خیال خاتون ہیں جو جادو ٹونے منتر جنتر کو بالکل فضول سمجھتی ہیں

مسز نرائن:۔ کشور صاحب، یہ آپ سے کس نے کہا، میرا تو ان چیزوں پر بڑا اعتقاد ہے، کیوں بہن لاجونتی؟

کشور:۔ میں نے کس سے سنا تھا؟..... ہاں..... میں..... نرائن..... نہیں..... لاجونتی کس نے کہا تھا کہ انہیں ایسی چیزوں سے کوئی دلچسپی نہیں؟

مسز نرائن:۔ آپ کی طبیعت آج خراب معلوم ہوتی ہے؟

کشور:۔ میری؟..... نہیں تو..... مگر..... شاید آپ نے لاجونتی سے پوچھا ہے۔ اُس کی طبیعت واقعی کچھ دنوں سے ٹھیک نہیں۔

لاجونتی:۔ میری؟..... کیوں میری طبیعت تو بالکل ٹھیک ہے، آپ کو کیسے معلوم ہوا کہ میری طبیعت خراب ہے۔

کشور:۔ (چونک کر) کیا کہا؟..... جی ہاں، میری طبیعت اس وقت کچھ خراب ہے۔

لاجونتی:۔ تو آپ.......

کشور:۔ (جلدی سے) لیکن اتنی خراب نہیں کہ میں آپ لوگوں کے پاس نہ بیٹھ سکوں، بلکہ یہاں آپس میں باتیں کرنے سے طبیعت فوراً ٹھیک ہو جائے گی۔

لاجونتی:۔ بڑے شوق سے بیٹھئے، پر آپ کو ٹونے ٹوٹکے منتر جنتر کی باتوں میں حصہ لینا پڑیگا

کشور:۔ ٹونے ٹوٹکے منتر جنتر......

(نرائن کھانستا ہوا آتا ہے)

نرائن:۔ بھئی ہماری بھابی نے کیا دماغ پایا ہے، میں جب بھی آیا انہیں کسی نہ کسی دلچسپ موضوع پر بات کرتے پایا..... آج ٹونے منتروں کی بحث شروع ہے..... ادھر...... ہماری "یہ" بھی تشریف رکھتی ہیں...... کہئے بھابی جان آپ کے بلانے پر یہ آئیں کہ خود بخود تکلیف گوارا کی...... ارے...... تم کیوں گم سم بنے بیٹھے ہو کشور...... طبیعت خراب ہے کیا؟

لاجونتی:۔ جی ہاں اور میں نے ان سے ابھی ابھی کہا تھا کہ جائیے دوسرے کمرے میں آرام سے سو جائیے......

نرائن:۔ تو یہ جاتا کیوں نہیں؟

کشور:۔ ارے بھئی معمولی سا درد ہے، ابھی باتوں باتوں میں چلا جائیگا۔

لاجونتی:۔ سر درد کے لئے بھی تو کوئی منتر یا ٹونہ وغیرہ ہوتا ہوگا، کیوں بہن ساوتری؟

مسز نرائن:۔ لاکھوں...... ایک سے ایک اچھا۔

نرائن:۔ (کشور سے) یہ سالا تمہارے سر میں درد کیسے شروع ہو گیا۔ قبض کی شکایت تو نہیں ہے؟

کشور:۔ اور تو کچھ نہیں پر ابھی ابھی تمہارے آنے سے چند منٹ پیشتر میرے دماغ کو قبض

ہو گیا ہے..... بیٹھے بیٹھے کچھ ہو گیا ہے، کچھ سوچ ہی نہیں سکتا۔

نرائن:۔ کبھی ایسا ہو جایا کرتا ہے..... تو ہاں بھئی مجھے تم سے ایک ضروری بات کہنا تھی (ہولے ہولے) میرا ایک پارسل تمہارے.....

لاجونتی:۔ ساڑھی کا پلّہ بہت ہی نفیس ہے، تِلّے کا کام بہت اچھا کیا ہے..... (ذرا اونچی آواز میں) سوامی رام پرکاش جی ہردوار والے کافی مشہور آدمی ہیں۔

کشور:۔ (ایکا ایکی) لاجونتی!

نرائن:۔ رام پرکاش جی؟؟

لاجونتی:۔ جی کچھ آپ نے مجھ سے کہا؟

کشور:۔ نہیں میں اِس سے بات کر رہا ہوں۔

لاجونتی:۔ (مسز نرائن سے) زری کا کام رام پرکاش جی ہردوار والے خوب کرتے ہیں۔ میں اُن سے دو ساڑھیوں پر کام کرا چکی ہوں۔

مسز نرائن:۔ یہ تم کیا اوٹ پٹانگ باتیں کر رہی ہو..... کون ہیں یہ سوامی رام پرکاش ہردوار والے۔

نرائن:۔ (چونک کر) کچھ مجھ سے پوچھا تم نے۔

مسز نرائن:۔ نہیں تو..... پر میں پوچھتی ہوں آج بات کیا ہے..... یہاں سب بہکے بہکے کیوں نظر آتے ہیں ــــ لاجونتی بات مجھ سے کرتی ہے اور بیچ میں کشور صاحب ٹپک پڑتے ہیں۔ میں لاجونتی سے کچھ کہتی ہوں اور آپ خواہ مخواہ چونک اُٹھتے ہیں ــــ آخر بات کیا ہے؟.....

نرائن:۔ (گھبرا کر) بات کیا ہو گی؟..... بات کیا ہو سکتی ہے؟

مسز نرائن:۔ پر آپ پریشان کیوں ہوتے جاتے ہیں۔

نرائن:۔ پریشان؟..... (کھسیانی ہنسی ہنستا ہے) یہ پریشانی کی بھی ایک ہی کہی... یعنی زبردستی مجھے پریشان کرنے کی کوشش کیجارہی ہے..... سُنا کشور تم نے؟

کشور:۔ بھئی مجھے کچھ معلوم نہیں —— تم جانو اور یہ جانیں..... مجھے ٹونے ٹوٹکوں سے کوئی دلچسپی نہیں۔

نرائن:۔ اس کا یہ مطلب ہُوا کہ مجھے ہے..... بھئی اپنے سر کی بلا ٹالنے کے لئے یہ اچھا گُر گھڑلیا ہے تم نے؟

کشور:۔ اپنے سر کی بلا؟..... گویا میرے سر پر کوئی بلا ہے.... سو وہ تم ایسی بلائیں پالتے ہو، لاجونتی کو اچھی طرح معلوم ہے کہ..... (دبی آواز میں) ارے یہ دونوں آپس میں کیا کھسر پھسر کر رہی ہیں۔

لاجونتی:۔ (مسز نرائن سے.... ہولے ہولے) نا بہن مجھے کچھ معلوم نہیں.....

مسز نرائن:۔ (دبی آواز میں) ایک پارسل آئے گا.....

لاجونتی:۔ (اُونچی آواز میں) پارسل؟

کشور:۔ پارسل؟

نرائن:۔ کونسا پارسل؟

مسز نرائن:۔ پارسل؟..... یہی تو میں پوچھتی ہوں، کونسا پارسل..... کیا آپ کا پارسل آرہا ہے کوئی؟

نرائن:۔ نہیں تو..... میرا پارسل اس پتے سے کیوں آنے لگا؟..... کیوں بھابی جان اس سے پہلے میرا کوئی پارسل اس پتے سے آیا ہے؟.....

لاجونتی:۔ اس سے پہلے کوئی نہیں آیا ــــ اس کی گواہی میں دے سکتی ہوں۔

نرائن:۔ لو اب تو یقین آ گیا... (ایکا ایکی چونک کر) اس سے پہلے؟... اس سے آپ کا کیا مطلب؟... یعنی میرا کوئی پارسل آج کل میں اس پتے سے آ چکا ہے؟

لاجونتی:۔ آپ اپنے دوست سے پوچھ لیں، پارسل وغیرہ وہی وصول کیا کرتے ہیں؟

مسز نرائن:۔ (گھبرا کر) کیا کہا؟ پارسل وغیرہ کیا یہی وصول کرتے ہیں؟

لاجونتی:۔ آج انہوں نے ہی وصول کیا تھا۔

نرائن:۔ کس کے نام کا تھا؟

مسز نرائن:۔ کس کا تھا؟ ــــ میرا تو ہو نہیں سکتا۔

لاجونتی:۔ اور کیا میرا ہو سکتا ہے؟

کشور:۔ یہ تم سے کس نے کہا؟

لاجونتی:۔ پھر آپ بتاتے کیوں نہیں کہ پارسل کس کے نام کا تھا؟

کشور:۔ کھولا نہیں نے ہے، مجھے کیا معلوم؟

لاجونتی:۔ کھولا میں نے ہے، اور بوکھلائے بوکھلائے باتیں آپ کر رہے ہیں۔

نرائن:۔ (گھبرا کر) پارسل کھول بھی لیا... یہ دیکھے... یہ دیکھے بغیر کھول لیا کہ وہ کس کے نام کا تھا۔

مسز نرائن:۔ حد ہو گئی ہے ــــ ایک گھنٹہ ہونے کو آیا ہے، سب پارسل پارسل پکار رہے ہیں، پر یہ کوئی نہیں بتاتا پارسل کس کا تھا...

لاجونتی:۔ میں کچھ نہیں جانتی بابا ــــ بس میری خطا صرف یہ ہے کہ میں نے ان کے کہنے پر پارسل کو چاقو سے کھولا اور جو کچھ اس میں سے نکلا ان کے حوالے کر دیا... اور

میں نے ان سے کہا تھا کہ بھئی ڈر لگتا ہے، نہ معلوم کیا ہو کیا نہ ہو، بعد میں بیکار کا فضیحتا ہو، پر ان پر تو چوری کرنے کا بھوت سوار تھا۔

نرائن:۔(گھبرائے ہوئے لہجے میں) لو بھئی میں چلا...... مجھے ایک ضروری کام ہے۔

کشور:۔ تم ہرگز نہیں جاسکتے...... یہاں بیٹھ کر تمہیں میری پوزیشن صاف کرنا ہوگی۔ ...... بھئی واہ یہ بھی خوب طریقہ ہے کہ یوں چپکے سے کھسک گئے اور دوسرے کو آگ میں جھونک دیا۔ جس میں چنگی ڈال بی جمالو الگ کھڑی۔

مسز نرائن:۔ میرے سر میں تو درد شروع ہوگیا ہے..... میں جاتی ہوں لاجونتی بہن

لاجونتی:۔ ذرا تھوڑی دیر تو بیٹھو...... اپنے پتی کی پوری کارستانی معلوم کرتی جاؤ۔ ...... لو یہ خط پڑھو (کاغذ کی کھڑکھڑاہٹ)...... تمہارے سوامی نے تمہیں مطیع کرنے کے لئے ایک منتر منگایا ہے اور جادو کے تیل کی بوتل.... اب تم دن رات ان پر لٹو رہو گی۔ ان کی ڈگی پر ناچا کرو گی۔

نراتن:۔ یہ بالکل جھوٹ ہے یعنی، یعنی..... بالکل جھوٹ..... بھلا..... بھلا میں کیوں ایسے منتر اور تیل منگانے لگا...... میری اور اس کی آپس میں کیا بنتی نہیں جو ٹونے ٹوٹکے استعمال کروں..... ان کی ضرورت ہوگی تو کشور کو جس کی آئے دن آپ سے چخ رہتی ہے..... کیوں ساوتری؟..... یعنی یعنی..... ہم تو آپس میں شیر و شکر ہوکے رہتے ہیں..... ہماری زندگی دوسروں کیلئے ایک نمونہ ہے

کشور:۔ تم خود ایک نمونہ ہو..... ابھی ساری حقیقت کھل جاتی ہے ..... لاجونتی ذرا دینا ان کے ہاتھ میں وہ خط.... پڑھ کر ساوتری کو سنائیں جن کے ساتھ یہ شیر و شکر ہوکے رہتے ہیں اور اپنی زندگی کو دوسروں کیلئے ایک نمونہ بتاتے ہیں اور وہ یوں کہ

اپنے ایک دوست کو پھنسانے کے لئے اُس کے پتے سے تُو نے منتر منگاتے ہیں اور ساتھ ہی یہ کرپا کرتے ہیں کہ اُس کے لئے بھی ایک دو منتروں کا آرڈر بھیج دیتے ہیں..... بھئی واقعی بڑا اچھا نمونہ پیش کیا ہے تم نے اپنی دوستی کا.....وہ تو لاجونتی عقلمند ہے ورنہ آج تو وہ چخ چلتی کہ اللہ دے اور بندہ لے۔میاں کا چھیچھا لیدر کر دیتی.......

لاجونتی:۔ یہ لیجئے خط...... (کاغذ کی کھڑکھڑاہٹ)۔ لو اب سنو ساوتری.....

مسز نرائن:۔ سُن کے کیا کروں گی..... ان کی ساری قلعی تو کھل گئی ہے۔

نرائن:۔ (ایکا ایکی، بلند آواز میں) کون کہتا ہے یہ خط میرے نام ہے.....

مسز نرائن:۔ پھر کس کے نام ہے؟

نرائن:۔ تمہارے..... لو دیکھو..... (کاغذ کی کھڑکھڑاہٹ)..... میری قلعی کھلتے کھلتے تمہاری قلعی کھل گئی..... رنگ ہلدی کے گابھے ایسا زرد پڑ گیا۔ یہ منتر اور یہ تیل تمہیں نے تو منگایا ہے..... پر اسکی ضرورت ہی کیا تھی... میں تو پہلے ہی سے تمہارا محکوم ہوں پر معلوم ہوتا ہے کہ جتنا تابعدار اور تمہارا مُرید میں اسوقت ہوں، اُس سے بھی زیادہ تم مجھے اپنا تابعدار اور مُرید بنانا چاہتی ہو..... پر ماتما تم جیسی عورتوں سے سمجھے..... لو پڑھو..... دیکھو..... ڈیئر مسز نرائن..... اور یہ منتر..... میری رہی سہی مردانگی دور کرنے کا منتر..... اور یہ تیل جس کو بالوں میں لگانے سے تمہاری سب مُرادیں پوری ہو جائیں گی..... اب آپ نے کیوں منہ میں گھنگھنیاں بھر لیں، آپ کیوں چپ ہو گئیں... بھابی جان..... انہیں آپ کا تو ذکر ہے..... آپ نے بھی تو اپنے پتی کو اپنے پر لٹو بنانے کیلئے

منتر منگوایا ہے اور شاید جادو کا کوئی چورن بھی جس کو کھاتے ہی یہ ہمیشہ کے لئے اُلّو بن جائے.... کشور! دیکھا...... یہ ہماری چوری پکڑتی تھیں اور اُلٹی انکی چوری پکڑی گئی، اسے کہتے ہیں سچائی کا بول بالا اور جھوٹے کا منہ کالا.... تم یقین مانو، ان دونوں نے مل کر یہ سازش کی تھی اور تم بھی کتنے بیوقوف ہو کہ گھبراہٹ میں مسٹر کو مسز پڑھ گئے.... تم سے یہ بھی نہ کہا گیا کہ مرد ٹونے ٹوٹکوں اور منتروں جنتروں کو بالکل بے کار سمجھتے ہیں، وہ عورتیں ہی ہیں جو ایسی فضول چیزوں پر اعتقاد رکھتی ہیں.... منتر، ہوں...... اور سوامی رام پرکاش..... اُس کی ایسی تیسی!

نوکر:۔ نرائن صاحب آپ کے نام پارسل آیا ہے۔ باہر ڈاکیہ کھڑا ہے۔ وصول کر لیجیے

نرائن:۔ (بوکھلا کر) پارسل.... پارسل.... کیسا پارسل

نوکر:۔ کوئی سوامی رام پرکاش ہیں جنہوں نے ہردوار سے بھیجا ہے۔

نرائن:۔ ضرور.... ضرور.... کوئی غلطی ہوئی ہے.... میں ابھی آتا ہوں.... ضرور کوئی غلطی ہوئی ہے، کیوں کشور؟ میں سچ کہتا ہوں ضرور کوئی غلطی ہوئی ہے

(فیڈ آؤٹ)

آؤ جھوٹ بولیں

لاجونتی :۔(ایکا ایکی، بڑے اشتیاق سے) آؤ جھوٹ بولیں۔

کشور :۔ارے ـــــ تمہیں بیٹھے بیٹھے یہ کیا سوجھی؟

لاجونتی :۔نہیں، نہیں ـــــ آؤ جھوٹ بولیں۔

کشور :۔پھر وہی ـــــ جھوٹ بولیں؟ ـــــ کس سے جھوٹ بولیں؟ ـــــ اور پھر... تم نے مجھے ......

لاجونتی :۔(بات کاٹ کر) کوئی جھوٹا سمجھا ہے، یہی کہنا چاہتے ہیں نا آپ؟

کشور :۔ہاں، ہاں اور کیا؟

لاجونتی :۔تو اپنے الفاظ فوراً واپس لے لو۔

کشور :۔وہ کیوں؟ ـــــ میں نے جھوٹ تھوڑی بولا ہے۔

لاجونتی :۔بات کو بڑھاؤ نہیں، میں اس وقت لڑنے کے Mood میں نہیں ہوں۔

جو کہہ رہی ہوں سیدھے من سے مان لو ـــــ آؤ جھُوٹ بولیں!

کشور:۔ پر سوال ہے کہ ہم جھُوٹ کیوں بولیں ـــــ میرا دماغ پھرا ہے جو بیٹھے بیٹھے جھوٹ بولنا شروع کر دوں۔

لاجونتی:۔ ایسا کرو کھڑے ہو جاؤ ـــــ میں بھُول ہی گئی تھی۔ تم زیادہ تر کوٹ پہنکر کلب جاتے ہی جھُوٹ بولا کرتے ہو۔

کشور:۔ لاجونتی ـــــ تمہیں آج کیا ہو گا ہے؟

لاجونتی:۔ مَیں چاہتی ہوں ہم تم دونوں جھُوٹ بولیں...... آؤ کبھی کبھار میری بات بھی مان لیا کرو۔

کشور:۔ تم اکیلی بولو، مجھے کیوں ساتھ ملاتی ہو۔

لاجونتی:۔ میں بالکل اناڑی ہوں اور تم اس فن میں خوب طاق ہو۔ میں تمہاری شاگرد بننا چاہتی ہوں۔

کشور:۔ (بڑی سنجیدگی کے ساتھ) لاجونتی ـــــ میں تم سے ایک بات کہوں ـــــ؟

لاجونتی:۔ (چونک کر) کہو؟

کشور:۔ (نا امید ہو کر) کیا کہوں، کیسے کہوں؟

لاجونتی:۔ یہ تم میں بڑی بُری عادت ہے۔ بات کرتے کرتے بیچ میں رک کیوں جایا کرتے ہو؟

کشور:۔ تو کہوں؟

لاجونتی:۔ ہاں، ہاں کہو۔

کشور:۔ (تھوڑے وقفے کے بعد) نہیں نہیں، مَیں نہیں کہتا۔

لاجونتی:۔ دُور دفع ...... کیسی بُری عادت ہے؟ .....

کشور:۔ تم سمجھو گی میں جھوٹ بول رہا ہوں!

لاجونتی:۔ تم مُنہ سے تو پھوٹو ــــ مَیں تمہارے جھوٹ کو بھی سچ سمجھونگی۔ لو اب کہہ ڈالو۔

کشور:۔ مجھے تم سے بہت پریم ہے ......!

لاجونتی:۔ اب لگے چونچلے بگھارنے ...... چلو بہت کیا تو مان بھی لیا ..... پر وہ چڑیل، وہ مُوئی حرافہ جس کا فوٹو تم اپنی پاکٹ بُک میں چھپائے پھرتے ہو؟ ......

کشور:۔ (سٹ پٹاتا ہے) چڑیل ــــ حرافہ ــــ پاکٹ بُک ..... کون سی پاکٹ بُک؟

لاجونتی:۔ وہی جو اس وقت سرکار کے کوٹ کی اندر والی جیب میں پڑی ہے اور جس کی طرف ابھی ابھی آپ کا داہنا ہاتھ بے اختیار اُٹھ گیا تھا۔

کشور:۔ (کھسیانا ہو کر) پاکٹ بُک ..... ہاں، پاکٹ بُک ..... میں سمجھا ..... پاکٹ بک کی بات کر رہی ہو!

لاجونتی:۔ میں پاکٹ بک ہی کی بات کر رہی تھی، پر میں پھر اس کا ذکر چھیڑنا نہیں چاہتی۔

کشور:۔ لیکن ..... لیکن ..... مجھے تمہارے دل سے شبہ بھی تو دُور کرنا ہے ..... پاکٹ بُک میں جو فوٹو ہے نا ..... وہ ایک ......

لاجونتی:۔ ایکٹرس کا ہے! کشور:۔ (تھوک نگل کر) ایکٹرس کا ہے ......

لاجونتی:۔ جس سے تمہارا کل ہی انٹروڈکشن ہُوا ہے، جس کے گھر میں کل تم دفتر سے اُٹھ کر چائے پینے بھی گئے تھے ..... نرائن صاحب بھی تو آپ کے ساتھ تھے۔

نرائن:۔ بڑی عمر ہے میری، بڑی عمر ہے میری، اُدھر آپ نے میرا نام لیا اور ادھر میں کمرے میں داخل ہُوا ..... مَیں ان کے ساتھ تھا بھابی جان، پر قصّہ یہ ہے ......

قصّہ یہ ہے کہ مس.....

لاجونتی:۔ اُرملا دیوی۔

کشور:۔ (حیرت زدہ ہو کر بے اختیارانہ) ارے؟

نرائن:۔ شکریہ! — تو قصّہ یہ ہے۔ کہ مس اُرملا دیوی کے یہاں میرا جانا ایسا ہی تھا۔

لاجونتی:۔ جیسا ایک ایکٹرس کے شیدائی کا ہو سکتا ہے۔

نرائن:۔ (با دلِ نخواستہ) یقیناً یقیناً...... آپ فوراً ہی سمجھ گئیں، دراصل سمجھانے کا بھی سلیقہ ہونا چاہیئے۔..... کشور تم سمجھو گے میں اپنی تعریف کر رہا ہوں، پر یہ واقعہ ہے کہ تمہیں بات کرنے کا بالکل...... بالکل ڈھنگ نہیں آتا (کھسیانی ہنسی ہنستا ہے) میں نے چند لفظوں ہی میں سارا جھگڑا چکا دیا (ہنستا ہے) چند لفظوں ہی میں...... اور چٹکی بجاتے میں..... (ہنستا ہے)

(پانچ چھ سکنڈ تک مکمل خاموشی طاری رہتی ہے)

نرائن:۔ (خاموشی کا ایکا ایکی احساس کرتے ہوتے)...... تو قصّہ یہ ہے...... ارے بھائی کوئی بات تو کرو...... چپ کیوں ہو گئے ہو؟ — ارے بھابی جان آپ بھی گم سم ہو بیٹھیں۔ معلوم ہوتا ہے منہ میں گھنگھنیاں بھری ہیں.... کوئی بات کیجئے!

لاجونتی:۔ (اچانک) آپئے جھوٹ بولیں۔

نرائن:۔ (ہکا بکا ہو کر) جھوٹ...... یعنی...

کشور:۔ یہ ڈیڑھ گھنٹے سے مجھے اس بات پر مجبور کر رہی ہیں اور پنجے جھاڑ کر میرے پیچھے پڑ گئی ہیں کہ میں جھوٹ بولوں.... اب تم سے بھی یہی کہتی ہیں۔ معلوم ہوتا

ہے کہ ان کا.....؛

لاجونتی:۔ دماغ بہک گیا ہے...... کہدو کہدو، کہتے کیوں نہیں ہو۔

کشور: سارے بھئی تم تو ناحق بال کی کھال نکالتی ہو، خود ہی پھاڑتی ہو، خود ہی رفو کرتی ہو۔

نرائن:۔ ٹھہرو، ٹھہرو، اب تم اپنا لکچر شروع نہ کرو۔ مجھے ان سے پوچھنے تو دو۔ ہاں بھابی جان ارشاد!

لاجونتی:۔ میں نے آپ سے کہا تھا کہ آئیے جھوٹ بولیں۔

نرائن:۔ بندہ حاضر ہے۔ پر شرط یہ ہے کہ آپ بھی میرا ساتھ دیں۔

لاجونتی:۔ شروع کیجئے، میں ساتھ دوں گی، لڑ میں لڑ ملاتی جاؤں گی۔

نرائن:۔ لیجئے...... اس وقت چار بجے ہیں۔

لاجونتی:۔ یہ تو آپ سچ بول رہے ہیں۔

نرائن:۔ جی ہاں، اب اس کے آگے جھوٹ ہی جھوٹ ہو گا۔

لاجونتی:۔ فرمائیے!

نرائن:۔ اس وقت چار بجے ہیں، میرے اور کشور کے درمیان ابھی یہ باتیں شروع ہونگی۔ میں اس سے کہوں گا۔ کہ "چلو بھئی چلیں، ہاکی کے میچ دیکھنے کا وقت ہو گیا ہے۔ اٹھو اٹھو جلدی کرو"—— اور وہ آپ کے منہ کی طرف دیکھے گا۔ گویا اجازت مانگ رہا ہے۔ اس پر آپ کیا کہیں گی۔

لاجونتی:۔ آپ شوق سے لے جا سکتے ہیں۔ مجھ سے پوچھ کے جانے کی کیا ضرورت تھی مردوں کو کھیل کود میں ضرور حصہ لینا چاہیئے۔ اس سے صحت اچھی رہتی ہے۔

کشور:۔ کاش یہ میٹھے میٹھے بول سچے ہوتے!!

نرائن:۔بھئی تم بیچ میں نہ بولو —— مجھے اور ان کو جھوٹ بولنے دو۔

کشور:۔ مجھے بھی اس میں شامل کر لو۔ اس طرح وہ نرمی جو آج تک مجھے نصیب نہیں ہوئی شاید مل جائے —— گو وہ جھوٹ موٹ ہی کی ہوگی پر نہ ہونے سے تو بہتر ہے۔

لاجونتی:۔آپ کو روکا کس نے ہے —— بولئے، پر یہ تو جھوٹ موٹ کا جھوٹ ہے اور آپ ٹھہرے سچا جھوٹ بولنے والے، کیا مشکل محسوس نہ ہوگی؟

نرائن:۔اب یہ سچی باتیں بعد میں شروع کیجئے گا۔اس وقت ہم سب کے سب جھوٹے ہیں۔

لاجونتی:۔ آپ پھر سے شروع کیجئے۔

نرائن:۔میرے اور کشور کے درمیان یہ باتیں شروع ہونگی۔میں اس سے کہونگا۔ "چلو بھئی ہاکی کا میچ دیکھنے چلیں۔اُٹھو اُٹھو جلدی کرو۔وقت ہوگیا ہے۔" اور وہ آپ کی طرف دیکھے گا۔اس پر آپ کیا کہیں گی؟

کشور:۔ٹھہرو ٹھہرو لاجونتی، میں بولتا ہوں..... مجھے ایک ایک لفظ یاد ہے۔"آپ شوق سے جا سکتے ہیں، مجھ سے پوچھ کے جانے کی کیا ضرورت تھی۔مردوں کو کھیل کود میں ضرور حصّہ لینا چاہیئے۔اس سے صحت اچھی رہتی ہے" —— کیوں ٹھیک ہے نا؟

لاجونتی:۔ بالکل۔

نرائن:۔تو پھر ہم دونوں میچ دیکھنے چلے گئے۔اور شام کو سات بجے واپس آئے تو آپ نے......

لاجونتی:۔چاء تیار کی، آپ دونوں کو پلائی —— چونکہ یہ تھکے ہوئے تھے۔اسلئے میں نے ان کا بدن دبایا، بوٹ اُتارے، جرابیں اُتاریں، انکے پیروں کی اُنگلیاں کھینچائیں۔

اور......

کشور:۔ بس اتنا ہی کافی ہے ـــــ زیادہ شکر نہ ڈالو لاجونتی، سب مزا کرکرا ہوجائیگا ...... (ٹھنڈی سانس بھر کر) نرائن، کیا، وہ دن بھی آئیگا۔ جب میرے لئے یہ سچ مچ ایسا سوئنگ بن جائے گی؟

نرائن:۔ مجھے اس وقت جھوٹ بولنا ہے، سمجھے۔ ایسی قابلِ رحم صورت نہ بناؤ۔ تم پر ترس کھاکر اگر میرے منہ سے کوئی سچی بات نکل گئی تو میرا ذمہ نہیں ـــــ سمجھے؟

کشور:۔ سمجھتا ہوں، سب سمجھتا ہوں، لیکن جسے تم سمجھانے کی کوشش کر رہے ہو، بہت چالاک ہے، جو بات تمہارے دل میں ہے؛ اس کے ناخنوں میں ہے۔

لاجونتی:۔ اگر سچ بولنا ہو تو آپ خاموش بیٹھے رہیں، اپنی للّو روکے رہیں۔

نرائن:۔ بالکل ٹھیک ـــــ تو آپ نے ایک پتی ورتا استری کی طرح ان کی خدمت کی اور انہوں نے ایک اچھے پتی کی طرح آپ کا شکریہ ادا کیا۔ اور جب اچھی طرح تھکاوٹ دور ہوگئی۔ تو آپ سے کہنے لگے "عجب مصیبت ہے، ان افسروں نے ناک میں دم کر رکھا ہے۔ گراؤنڈ میں بڑے صاحب مل گئے، کہنے لگے، آج چند ضروری کاغذات تیار کرنا ہیں، اس لئے ٹھیک آٹھ بجے میری کوٹھی پر پہنچ جانا۔ ـــــ اب تم ہی بتاؤ سٹینو ٹائپسٹ کی زندگی کیا غلاموں سے بدتر نہیں ـــــ جی چاہتا تھا کہ آج دو گھڑی تمہارے پاس بیٹھوں، تم سے وہ غزل سنوں...... دیوانہ بنانا ہے تو دیوانہ بنادے...... مگر...... !!"

لاجونتی:۔ میں نے ان کو جب اس طرح کڑھتے دیکھا تو کہا "افسروں کو ناراض نہیں کرنا

چاہیئے منّا کے ابا —— آپ جایئے، میرے لئے آپ اتنی چنتا نہ کریں۔
میں جانتی ہوں کہ آپ کو بہت کام کرنا پڑتا ہے۔ پر اب ہو کیا سکتا ہے، اس کے
سوا اور چارہ ہی کیا ہے۔ پرتما آپ کو شکتی دے۔

کشورہ:۔ کیا سہانا سپنا ہے —— میں اس ہمدردی کے قربان، اس شوہر نوازی کے
فدا۔

نرائن:۔ جی —— تو آپ نے ان سے یہ کہا: آپ جایئے، پرتما آپ کو شکتی دے —
پرماتما اس کو شکتی دے.... ہاں تو یہ کوٹ ووٹ پہن کر باہر نکلے، میں ان کے
پیچھے چلدیا —— میرا یہاں بیٹھے رہنا بالکل فضول تھا، کیوں بھابی؟

لاجونتی:۔ جی ہاں، آپ کو بھی تو کسی کام سے جانا تھا؟

نرائن:۔ میں بھول ہی گیا تھا، اچھا ہوا جو آپ نے یاد دلادیا۔

(گھڑی پانچ بجاتی ہے)

نرائن:۔ میرا خیال ہے کہ اب سچ بولنا چاہیئے —— جھوٹ ہم کافی بول چکے ——
کیا خیال ہے بھابی؟

لاجونتی:۔ میرا شوق تو پورا ہو گیا۔ اگر آپ کا بھی جی بھر گیا ہو تو سچ بولنا شروع کر دیجئے۔
پر یہ دھیان رہے، کہ اس میں جھوٹ کی تھوڑی سی بھی ملاوٹ نہ ہو۔

نرائن:۔ ارے، توبہ کیجئے صاحب —— یہ تو مذاق مذاق میں اور آپ کو خوش کرنے
کے لئے میں نے جھوٹ کے پل باندھے تھے ورنہ مجھے تو اس سے سخت
نفرت ہے۔

لاجونتی:۔ (طنزیہ انداز میں) جی!

نرائن:۔ آپ یقین نہیں کرتیں، پر آپ کو یاد ہے پچھلے ہفتے جب آپ کے "انہوں نے کسی ضروری کام کا بہانہ کرکے رات کو تھیٹر جانے کی تیاریاں شروع کی تھیں تو میں نے آپ سے صاف صاف بات کہہ دی تھی...... اور ابھی ابھی آپ نے جب مجھ سے پوچھا کہ تم ارملا دیوی فلم ایکٹرس کے یہاں چاء پینے گئے تھے، تو میں نے فوراً اقرار کرلیا—— دراصل...... دراصل سچ بولنے سے میں کبھی نہیں گھبرایا...... اور دیکھئے اگر آپ کے "یہ" ابھی ابھی آپ سے کہیں کہ انہیں چھ بجے اپنے بڑے صاحب کی کوٹھی پر کاغذات ٹائپ کرنے جانا ہے، تو میں آپ سے فوراً کہدوں گا کہ یہ غلط ہے —— بڑے صاحب میرے دوست ہیں اور میں اچھی طرح جانتا ہوں کہ آج ان کو چھ بجے نہیں بلکہ ساڑھے سات بجے بلایا گیا ہے اور یہ ڈیڑھ گھنٹہ ادھر ادھر سیر سپاٹے میں گزارنا چاہتے ہیں۔

لاجونتی:۔ میں نے کب کہا ہے کہ آپ جھوٹ بولتے ہیں۔ وہ تو میں ذرا انہیں ستا رہی تھی۔ آپ میں اور ان میں زمین آسمان کا فرق ہے۔

نرائن:۔ آپ نے کہا تو سچ ہے —— کشور خفا ہو جائیگا پر کوئی حرج نہیں...... دیکھئے کل جو انہوں نے مجھے اس چڑیل ارملا دیوی کے ہاں جانے کو کہا تو میں نے صاف انکار کر دیا "میاں تمہیں اپنی بیوی کا ڈر نہ ہوگا پر مجھے ہے اور پھر میں ایسی واہیات عورتوں کے تو پاس تک پھٹکنا نہیں چاہتا" مگر اس نے زور دیا اور مجھے جانا ہی پڑا، یعنی میں ذرا ٹھٹکا تھا کہ یہ مجھے گھسیٹ کر لے گیا۔

کشور:۔ تم جھوٹ بول رہے ہو۔ سراسر جھوٹ۔ اس بات کا اول جھوٹ آخر جھوٹ،

نرائن:۔ جی ہاں جھوٹ بول رہا ہوں، مگر پرتما کے لئے آپ سچ نہ بولئے گا......!

کشور:- پر سوال یہ ہے کہ جھوٹ بولنے سے، پہلے میرا کونسا کام بن گیا ہے۔ جو میں اب سچ بولنا چھوڑ دوں، یہ دیوی جو میرے پاس بیٹھی ہیں، میرے جیون پر تو مارشل لا بن کے رہ گئی ہیں ـــــ جھوٹ بولوں تو وہ بھی سنسر ہو جاتا ہے اور سچ بولوں تو اُس پر بھی دفعہ ایک سو چوالیس لگ جاتی ہے، اب بولو، میں کروں تو کیا کروں ـــــ میرا تو یہ حال ہے کہ جیسے پنجرے میں پنچھی ـــــ بس پھڑ پھڑا کے رہ جاتا ہوں...... اب اگر اس سے کہوں کہ اُٹھو، اور جلدی سے چاء بنا دو کیونکہ مجھے سات بجے بڑے صاحب نے کوٹھی پر بلایا ہے تو..... بس جیسے بھڑوں کے چھتے کو چھیڑ دیا۔ ڈنک پر ڈنک پڑنے لگیں ـــ منہ سے اُف کرنے کی بھی تو اجازت نہیں!

نرائن:- تم جھوٹ بول رہے ہو۔ بڑے صاحب نے تمہیں ساڑھے سات بجے بلایا ہے ـــــ اسی جھوٹ پر تو سارا فساد ہے!

کشور:- اب تم بھی اس کی طرفداری کرنے لگے ـــــ سات اور ساڑھے سات میں فرق ہی کیا ہے۔

نرائن:- واہ بھئی واہ آدھ گھنٹے کا تمہارے نزدیک کوئی فرق ہی نہیں۔ یاد گھنٹے میں دُنیا اِدھر کی اُدھر ہو سکتی ہے اور تم آدھے گھنٹے کو یونہی بے کار سمجھ رہے ہو۔ ـــــ سُنا بھابی آپ نے ـــــ وقت میں بھی یہ فضول خرچی کرنے سے باز نہیں آتا۔

لاجونتی:- میں آپ کی باتیں بڑے غور سے سُن رہی ہوں۔

نرائن:- آپ کی بڑی مہربانی ہے ـــــ ورنہ بندہ کس لائق ہے!!

لاجونتی:۔ نرائن صاحب، اِنہیں آج کیا سچ مچ کہیں جانا ہے؟ یعنی جانا ہے تو صاف صاف کہہ دیں، مَیں رو کنے لگی۔

کشور:۔ جانا ہے بابا جانا ہے، بڑے صاحب کی کوٹھی پر جانا ہے؟ — کہیں عیش کرنے نہیں جانا ہے، سمجھیں؟

لاجونتی:۔ میں مسٹر نرائن سے بات کر رہی ہوں۔

نرائن:۔ آپ مسٹر نرائن سے بات کر رہی ہیں، تم خاموش رہو — ہاں تو بھابی جان آپ کے سوال کا جواب یہ ہے کہ انہیں سچ مچ اپنے بڑے صاحب کی کوٹھی پر جانا ہے، سات بجے نہیں — ساڑھے سات بجے اور انہیں وہاں زیادہ سے زیادہ تین گھنٹے کا کام ہے۔ یعنی ٹھیک گیارہ بجے انہیں یہاں پہونچ جانا چاہیے

کشور:۔ اور اگر وہاں تین کے بجائے چار گھنٹے صرف ہو گئے تو؟

نرائن:۔ یہ ہرگز نہیں ہو سکتا۔ تمہارا بڑا صاحب رات کو ٹھیک گیارہ بجے سو جایا کرتا ہے اگر وہ گیارہ بجے نہ سوئے تو پھر اُسے رات بھر نیند نہیں آتی۔

لاجونتی:۔ تو میں انہیں اجازت دیدوں؟

نرائن:۔ میں آپ کو مجبور نہیں کرتا، پر حالات ہی کچھ ایسے ہیں...... کہ آپ کو اجازت دینا ہی پڑے گی۔

لاجونتی:۔ تو چاء پینے کے بعد چلے جائیں۔

کشور:۔ (خوش ہو کر) تم نے اجازت دے دی!

لاجونتی:۔ کہتی تو ہوں، جائیے...... اس میں میری اجازت کی ضرورت ہی کیا تھی۔ آپ کو کام پر جانا ہے، کہیں عیش کرنے تھوڑی جانا ہے...... تو چاء کے ساتھ

انڈوں کا حلوہ بنا دوں —— تھوڑے سے بسکٹ بھی ہیں —— جانے وہاں آپ کو کب کھانا ملے، اس لئے اچھا ہوگا کہ یہاں ہی سے کچھ کھا کے جائیے!

کشور:۔ نہیں نہیں، اسکی کوئی ضرورت نہیں، میں خالی چاء پیئوں گا۔

لاجونتی:۔ (نرائن سے) اور آپ؟

نرائن:۔ (چونک کر) ہیں؟ —— میں سہ پہر کو کچھ نہیں کھایا کرتا۔

لاجونتی:۔ تو خالی چاء رہے...... ہوں؟

کشور:۔ چاء سے زیادہ ضروری میرا ڈنر سوٹ ہے، اُس کو پریس کرنا ہے۔

لاجونتی:۔ ڈنر سوٹ؟

نرائن:۔ ٹھیک کہہ رہے ہیں۔ وہاں کوٹھی پر دوسرے افسر بھی آئیں گے اور انہیں بھی ان کے ساتھ ڈنر کھانا ہوگا —— ڈنر سوٹ میں جائیں گے تو اچھا رہیگا —— ان لوگوں پر اچھا اثر پڑیگا۔

کشور:۔ تم میرا منہ کیا دیکھ رہی ہو؟

لاجونتی:۔ ڈنر سوٹ؟ —— آپ کا مطلب اُسی سوٹ سے ہے نا جو کالی سرج کا بنا ہوا ہے —— دم کٹا سا؟

کشور:۔ ہاں، ہاں، اُسی کو ڈنر سوٹ کہتے ہیں۔ اُسے نکال کر پریس کر دو۔

لاجونتی:۔ وہی سوٹ جو آپ نے تین برس پہلے بنوایا تھا، وہی وہی جس کے استر میں ایک بار آپ نے مجھ سے رفو کرایا تھا۔

کشور:۔ ہاں، ہاں، وہی —— وہی —— کیوں؟

لاجونتی:۔ جس کے ساتھ تم سفید رنگ کی بو باندھا کرتے ہو۔

کشور:۔ وہی، وہی —— اُسے ٹرنک میں سے نکالو اور پریس کردو۔

لاجونتی:۔ آپ نے مجھ سے پہلے کیوں نہیں کہا۔ اب وقت کے وقت آپکو یاد آیا۔ وہی مثل ہوئی ......

کشور:۔ پہلے کیوں نہیں کہا —— پہلے کیا نہیں کہا؟

لاجونتی:۔ اَب مجھے کیا معلوم تھا وہ آپ کے کام کا ہے؟

کشور:۔ کیوں ..... کیوں، اُسے کیا ہُوا؟ —— وہ کام کا نہیں تھا۔

لاجونتی:۔ میں نے آج صبح ٹرنک کھولا تو آپکے سوٹ میں کیڑا لگ رہا تھا، سو میں نے اُٹھا کر درزی کو دے دیا کہ اُس میں سے مُنّے کے ڈو کوٹ اور ڈو نیکر بنا دے۔

کشور:۔ مُنّے کے دو کوٹ اور دو نیکر بنا دے —— میرے ڈنر سوٹ میں سے ..... تم یہ کیا کہہ رہی ہو لاجونتی؟ —— میری اجازت کے بغیر تم میرا سُوٹ مُنّے کے دو کوٹ اور دو نیکر بنانے کے لئے درزی کو کیسے دے سکتی ہو

لاجونتی:۔ واہ، یہ بھی ایک ہی کہی، جناب جب ہر دوسرے تیسرے مہینے میری کسی نہ کسی ساڑھی سے اپنی دھوتی بنا لیا کرتے ہیں۔ تو کیا میں بھی اسی طرح چلایا کرتی ہوں۔ اور جب آپ شیروانی کے نیچے اکثر میرا کُرتہ پہن لیتے ہیں تو میں کچھ نہیں بولتی۔ چُپ رہتی ہوں۔

کشور:۔ تمہاری ساڑھی اور کُرتہ گئے بھاڑ میں ..... ان سے میرے سُوٹ کا مقابلہ کرتی ہو —— لاجونتی، تمہاری یہ حرکت ناقابلِ برداشت ہے: میں نے اس سُوٹ پر پورے ڈیڑھ سو روپے خرچ کئے تھے۔

لاجونتی:۔ اور جس ساڑھی سے میں نے آپ کے کمرے کی کھڑکیوں کے پردے بنا دیئے تھے، وہ بھی ڈیڑھ سو روپے کی تیاری کی تھی ——— اُس کی زر دوزی اگر نوچ کر بیچی جاتی جب بھی تیس چالیس روپے کہیں نہیں گئے تھے۔

کشور:۔ وہ ساڑھی دو برس کی پُرانی تھی۔

لاجونتی:۔ اور آپ کا سُوٹ تین اور تین نَو برس کا پُرانا۔

کشور:۔ میں تم سے بحث کرنا نہیں چاہتا، سمجھیں، تم بہت ہٹ دھرم ہو گئی ہو ——— تم کو ڈھیل دے کر میں نے سخت غلطی کی، جھک مارا ——— آج تم نے میرے ڈنر سُوٹ سے مُنّے کے لئے دو کوٹ اور دو نیکر بنوانے کا آرڈر دیا ہے، کل تم میری موٹر سے اُس کے لئے جھولا بنوانے کا حُکم دے دو گی، پرسوں یہ گھر کسی کے حوالے کر دو گی۔ اترسوں مجھے نیلام پر چڑھا دو گی۔ میں خوب مُفت کا تمہارے ہاتھ لگ گیا ہوں۔ آخر یہ کیا تماشہ ہے، تم جھُوٹ بول رہی ہو، میرا سُوٹ ویسے کا ویسا موجود ہے، جلدی سے نکال کر پریس کر دو۔ مجھے وہاں سات بجے پہنچ جانا چاہیئے

نرائن:۔ سات نہیں ——— ساڑھے سات!

(ٹیلی فون کی گھنٹی بجنا شروع ہوتی ہے)

کشور:۔ لو، یہ فون بھی آگیا ......!

لاجونتی:۔ یہ آپ کا فون نہیں، میری کسی سہیلی کا ہے (ٹیلیفون کا چونگا اُٹھانے کی آواز)

ہلو ——— ہلو...... ہاں، ہاں...... ۴۵۸۹۶ ...... جی...... جی...... میں خیریت سے ہوں، مگر اُن کا مزاج آج کچھ بگڑا ہوا ہے۔ چڑچڑے ہو رہے ہیں......

جی ہاں......

کشور:۔ کون ہے؟

لاجونتی:۔ میں نے غلطی سے اُن کا ڈنر سُوٹ بیکار سمجھ کر آج درزی کو دے دیا کہ وہ اس سے منّے کے دو کوٹ اور دو نیکر بنا دے، اس لئے وہ آج شام کو باہر نہیں نکل سکتے....

کیا کہا..... نہیں نہیں، اگر فرمائیے تو اُن کے بدلے میں حاضر ہو جاؤں .... بس ......تو ادھر سے بھی تسلیم۔ (کھٹ سے چونگا رکھنے کی آواز)

نرائن:۔ (ایکا ایکی) ارے ساڑھے پانچ ہو گئے۔ مجھے تو ایک ضروری کام سے جانا تھا...... بھٹی میں چلا..... اچھا بھابی...... پھر کبھی حاضر ہونگا .... میں چلا......

لاجونتی:۔ اجی ٹھیرئیے تو...... ٹھیرئیے تو......

کشور:۔ جانے دو اُسے تم بتاؤ یہ فون پر کون تھا؟..... آخر مجھ سے کہتی کیوں نہیں لاجونتی چھپاتی کیوں ہو، کہو بھی کون تھا۔

لاجونتی:۔ آپ کو کیا..... کوئی بھی ہو...... جائیے میں نہیں بتاتی..... اور کہئیے تو بتا دوں پر آپ......

کشور:۔ بگڑ تو نہ جائیے گا؟ تو اگر میں بگڑ بھی گیا تو آپ کا کیا بنا لوں گا.... اچھا کہو بھی کون تھا؟

لاجونتی:۔ لو کہے دیتی ہوں..... پر دیکھئے، ہتّے سے اکھڑ نہ جائیے گا، وچن دیجئے۔

کشور:۔ اب کہو بھی کون تھا؟

لاجونتی:۔ میری سہیلی، اُرملا دیوی.... ناراض ہو گئی ہے مجھ سے، ڈنر سوٹ کے بجائے اسمیں ہی کپڑے پڑ نئے، پر آپ بڑے صاحب کی کوٹھی تو چلے جاتے.... کیوں چوہا کیسے پکڑا..... یہ اُرملا دیوی......

کشور:۔ جائے بھاڑ میں۔ اور میں جاؤں چولہے میں۔

نوکر:۔ سرکار میں لے آیا ہوں۔

کشور:۔ (چمک کر) کیا لائے ہو تم؟

نوکر:۔ میم صاحب نے آپ کا ڈنر سوٹ استری کرانے کے لئے دیا تھا۔ وہ لانڈری سے لایا ہوں۔

کشور:۔ جاؤ، دین محمد ٹیلر ماسٹر کو دے آؤ کہ وہ اس میں سے منّے کے دو کوٹ اور دو نیکر بنادے۔